2024

宁夏区情报告

（下）

《宁夏区情报告》编写组　编

黄河出版传媒集团

宁夏人民出版社

图书在版编目（CIP）数据

宁夏区情报告. 2024. 下 /《宁夏区情报告》编写组编. —— 银川：宁夏人民出版社，2025. 2. —— ISBN 978-7-227-08155-5

Ⅰ. K924. 3

中国国家版本馆 CIP 数据核字第 2025C29L32 号

宁夏区情报告 2024（下）　　　　　　　　　　　　　　　　《宁夏区情报告》编写组　编

责任编辑　管世献
责任校对　姚小云
封面设计　姚欣迪
责任印制　侯　俊

黄河出版传媒集团
宁夏人民出版社 出版发行

出　版　人　薛文斌
地　　　址　宁夏银川市北京东路 139 号出版大厦（750001）
网　　　址　http://www.yrpubm.com
网上书店　http://www.hh-book.com
电子信箱　nxrmcbs@126.com
邮购电话　0951-5052106
经　　　销　全国新华书店
印刷装订　宁夏银报智能印刷科技有限公司
印刷委托书号　（宁）0031865

开　　本　880 mm×1230 mm　1/16
印　　张　6.5
字　　数　106 千字
版　　次　2025 年 2 月第 1 版
印　　次　2025 年 2 月第 1 次印刷
书　　号　ISBN 978-7-227-08155-5
定　　价　20.00 元

目　录

宁夏进一步全面深化改革与
发展新质生产力

—— 2024 年宁夏经济形势分析与预测总报告

王林伶

2024 年，宁夏全面贯彻落实新发展理念，进一步全面深化改革，加快构建体现宁夏特色、具有较强竞争力的现代化产业体系。大力发展特色优势产业，因地制宜发展新质生产力，拉动投资和消费，推动产业转型升级，形成新的经济动力源，全区经济运行呈现总体平稳、稳中有进、稳中向好的发展态势。

一、2024 年宁夏经济形势分析

宁夏聚焦高质量发展首要任务，锚定发展目标不动摇，以问题为导向，紧盯发展中的短板弱项，抓住关键，强化措施，精准发力，精耕细作，农业保持稳定增长，工业保持较快增长，投资增速加快，新兴动能加快成长，市场消费持续回升，全区经济总体平稳向好。

作者简介　王林伶，宁夏社会科学院综合经济研究所("一带一路"研究所)所长，研究员。

（一）主要经济指标保持增长，增速高于全国平均水平

2024 年 1—11 月，宁夏主要经济指标中，地区生产总值、第一产业增加值、第二产业增加值、第三产业增加值均保持增长态势。

1. 从主要指标看，经济保持稳定增长

2024 年 1—11 月，宁夏规模以上工业增加值同比增长 9.4%，高于全国 3.6 个百分点，工业持续发挥着稳定经济增长的"压舱石"和带动经济增长的"火车头"作用；在"项目投资攻坚年"行动的推动下，全区固定资产投资同比增长 7.6%，高于全国 4.3 个百分点，投资稳增长的效能持续显现；社会消费品零售总额 1308.3 亿元，同比增长 5.3%，高于全国 1.8 个百分点；一般公共预算总收入 808.16 亿元，同比增长 1.3%，其中地方一般公共预算收入 477.23 亿元，同比增长 3.4%；金融机构人民币各项存款余额 9909.39 亿元，同比增长 6.1%，人民币各项贷款余额 10087.3 亿元，增长 4.5%（见表 1、图 1）。

表 1 2024 年 1—11 月宁夏及五市主要经济指标情况

地 区	地区生产总值		规模以上工业增加值增速(%)	固定资产投资增速(%)	社会消费品零售总额		地方一般公共预算收入	
	绝对量(亿元)	增速(%)			绝对量(元)	增速(%)	绝对量(亿元)	增速(%)
全　区	3860.42	4.9	9.4	7.6	1030.6	3.5	477.23	3.4
银川市	1943.71	4.6	10.0	8.4	612.09	4.2	188.62	5.8
石嘴山市	505.21	3.2	4.8	-16.5	80.39	2.9	26.37	3.2
吴忠市	647.23	5.9	11.6	9.4	137.58	2.1	40.24	7.9
固原市	331.76	6.4	11.7	12.4	96.75	4.2	15.11	9.1
中卫市	432.51	5.5	8.3	15.8	103.79	1.8	23.22	6.3

资料来源：宁夏回族自治区统计局官网公布数据整理。说明：地方一般公共预算收入中未含自治区本级收入；地区生产总值和社会消费品零售总额为季度数据（1—9 月数据）。

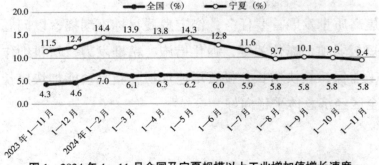

图 1 2024 年 1—11 月全国及宁夏规模以上工业增加值增长速度

资料来源：宁夏回族自治区统计局官网公布数据整理。

2. 从先行指标看，经济发展总体平稳

2024年1—11月，宁夏工业发电量2141.51亿千瓦时，同比增长2.6%，其中水电、风电、太阳能发电等可再生能源发电量590.15亿千瓦时，增长8.5%；工业生产者出厂价格指数为93.1%，同比上涨0.3个百分点，工业生产者购进价格指数96.3%，同比上涨2.1个百分点。11月，全区制造业采购经理指数（PMI）为49.4%，连续7个月处于荣枯线以下，比全国低0.9个百分点。

（二）项目建设拉动有力，产业协同发展增力

1. 项目建设拉动有力

宁夏积极抢抓国家"两重""两新"（国家重大战略实施和重点领域安全能力建设，是推动经济高质量发展的重大举措；新一轮大规模设备更新和消费品以旧换新，以提高生产效率和降低能耗）政策机遇，通过发行超长期特别国债来支持国家重大战略和重点领域的安全保障能力建设，既考虑眼前的经济需求，也考虑长远的发展战略，是扩大投资和提振消费的具体措施，也是推动经济高质量发展的重要手段。宁夏通过建立重点工业项目库，落实"三级包抓"和月调度工作机制，强化全流程服务保障，项目的开工率和投资完成率持续提升。目前，宁夏争取国家批复第一批"两重"项目6个、下达国债资金8.09亿元，已上报第二批项目396个，总投资1191亿元，超长期特别国债需求257亿元。2024年1—11月，全区"两新"政策措施效果显著，消费品以旧换新涉及的汽车类零售额增长24.1%，家具类增长48.5%，新能源汽车零售额99.67亿元，同比增长1.5倍，有力促进了消费稳步恢复。

2. 区域产业协同发力，支撑作用显现

聚焦新材料、新能源、装备制造、数字信息、特色农牧业、文化旅游等特色优势产业发展，主要行业和主要产品保持较快增长。2024年1—11月，全区制造业增加值同比增长12.0%，采矿业增长7.6%，电力、热力、燃气及水生产和供应业增长2.9%，化工行业增长31.5%，冶金行业增长13.2%，煤炭行业增长8.4%。重点产品扩产增量。打造轻工纺织千亿级产业集群，"中国氨纶谷"稳步建设，化学纤维（氨纶、芳纶）增长20.0%；工业机器人增长38.5%，化学药品原药增长28.6%，硫酸增长27.0%，这些产品的增长有力地推动了经济增长，增强了产业竞争力，促进了经济高质量发展。

（三）发展质效持续提升，绿色发展步伐加快

宁夏加大科技创新力度，充分利用资源优势，着力发展新能源、"东数西算"等新兴产业，加快形成新质生产力，不断增强发展新动能，有效带动了产业升级，产业加速向数字化、智能化、绿色化转型，推动了经济高质量发展。

1. 新动能持续壮大，创新发展的技术含量进一步增强

加快推动传统产业改造升级。2024 年 1—11 月，高技术服务业投资同比增长 51.8%，工业技改投资增长 7.2%；1—10 月，规模以上信息传输、软件和信息技术服务业营业收入同比增长 6.3%。

2. 大力推动绿色低碳发展

2024 年 1—11 月，全区规模以上工业单位增加值能耗同比下降 4.2%。其中，银川市、石嘴山市、吴忠市和中卫市规模以上工业单位增加值能源消耗同比分别下降 2.5%、3.1%、10.6% 和 6.5%。

3. 市场活力不断增强

宁夏持续优化良好的营商环境，有效激发市场活力，市场主体稳步增加。2024 年 1—11 月，新增市场主体 10.26 万户，同比增长 11.2%；截至 11 月末，宁夏市场主体总量 83.61 万户，同比增长 3.2%，其中企业 23.26 万户，增长 4.7%，数量进一步扩大。

二、当前发展面临的主要问题

从当前经济运行情况看，虽然全区经济总体保持稳定增长态势，但受外部环境形势更趋复杂严峻影响，市场需求不足、预期不稳等问题突出，一些主要经济指标增速波动下行、不同程度回落，实体经济经营困难、效益下滑，地区行业企业发展分化明显，保持经济持续稳定增长压力日益加大。

（一）民间投资活力不足，房地产投资下降

宁夏重点领域投资呈下滑态势，地方投资分化明显，形势不容乐观。自2024 年一季度以来，全区固定资产投资呈逐月下滑态势，这是固定资产投资增速连续 25 个月以来首次低于全国平均水平，从一季度的 6.8% 下降到 1—4 月的 5.2%，特别是 1—5 月回落至 1.7%，降幅达到 3.5 个百分点，从 8 月开始，

投资增速由 2.5% 逐步回升到 11 月的 7.6%，与全国相比增速虽然回升，但还存在波动不稳的态势（见图 2）。民间投资活力不足，房地产投资下降。2024 年 1—11 月，全区民间投资同比下降 5.4%，连续 8 个月下降，比全国多降 5.0 个百分点；而全区房地产投资同比下降 4.2%，其中，住宅投资 317.03 亿元，下降 3.6%，商品房销售面积 486.25 万平方米，下降 24.1%；商品房销售额 329.48 亿元，下降 26.3%。2024 年 1—10 月，全区五市房地产投资中地方投资分化明显，呈现"一升四降"局面，只有石嘴山市房地产投资同比增长 12.0%，银川市、吴忠市、固原市、中卫市房地产开发投资同比分别下降 8.5%、0.2%、4.9%、2.0%（见表 2）。

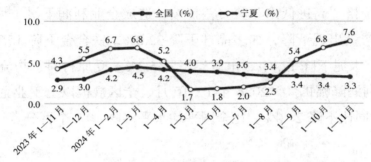

图 2　2024 年 1—11 月全国及宁夏固定资产投资增长速度
资料来源：宁夏回族自治区统计局官网公布数据整理。

表 2　2024 年宁夏及五市相关月份房地产投资情况

地　区	1—11 月房地产投资情况				1—10 月房地产投资情况			
	固定资产投资增速（%）	民间投资增速（%）	房地产投资额（亿元）	房地产投资增速（%）	固定资产投资增速（%）	民间投资增速（%）	房地产投资额（亿元）	房地产投资增速（%）
全　区	7.6	−5.4	396.94	−4.2	6.8	−4.4	361.81	−5.5
银川市	8.4	−0.6	234.01	−6.1	7.3	−1.4	211.14	−8.5
石嘴山市	−16.5	−33.6	9.74	11.9	−13.6	−30.2	8.93	12.0
吴忠市	9.4	—	90.12	1.1	8.3	—	82.87	−0.2
固原市	12.4	13.9	38.97	−6.1	12.9	17.0	36.17	−4.9
中卫市	15.8	−29.2	24.10	−5.9	13.0	−28.4	22.7	−2.0

资料来源：宁夏回族自治区统计局官网公布数据整理。

（二）市场需求不足产能过剩，产品价格下降企业利润下滑

受房地产市场疲软、新产业产能集中释放、终端消费需求下降等因素冲击，全区工业总产值及增加值增速下降，工业产品需求不足，产销衔接不畅，

5

盈利水平下降，经济效益较低，减产停产企业增多，面临产能过剩和如何消化双重问题。如全球双氰胺市场需求量约 15 万吨，但全球产能达到 33 万吨，是需求的 2.2 倍。又如，电池和组件产能，2022 年之前的 18 年间行业建设了 380GW，而目前 18 个月就新增产能 450GW，阶段性产能集中释放，出现库存积压，供大于求，造成相关领域产品价格大幅度下跌，很多企业产量增加了，但产值反而下降了，影响了企业生产积极性，一些企业只能选择减产或停产。再如，荧光剂（907 产品）单价从 18 万元降到了 8 万元，降幅达 55.6%。

2024 年 1—11 月，宁夏工业生产者购进价格指数为 96.3%，而工业生产者出厂价格指数为 93.1%，生产购进价格指数比出厂价格指数高 3.2 个百分点，工业生产者价格"高进低出"剪刀差持续，造成企业利润下滑（见图 3）；一些主要产品产量出现下降，如多晶硅下降 32.0%，铁合金下降 15.7%，单晶硅下降 12.4%，水泥下降 12.9%，电解铝下降 6.3%。受原材料、物流等多重因素影响，企业利润降幅扩大。2024 年 1—10 月，全区规模以上工业企业利润总额 263.3 亿元，同比下降 24.0%，比全国平均水平多降 19.7 个百分点。

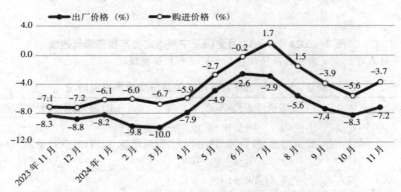

图 3　2024 年 1—11 月宁夏工业生产者出厂价格和购进价格趋势

资料来源：宁夏回族自治区统计局官网公布数据整理。

养殖业方面，如肉牛产业是宁夏特色农牧产业之一，是乡村振兴特别是脱贫地区农业主导产业、农民收入的重要来源。2024 年 1—10 月，肉牛养殖经营主体普遍亏损，经营困难，肉牛生产面临多年未遇的严峻形势。多方面原因造成肉牛价格下行，养殖效益走低。就宁夏而言，相关扶持政策的引导及各地的奖励措施，加之肉牛养殖机械化设备水平不断提升，种源自主可控，规模养殖占比不断提高，一些规模化企业扩张速度过快，导致肉牛市场连续 3 年呈现产能逐年增加态势，全区肉牛饲养量从 2020 年的 196.2 万头增加到 2023 年的 242.4 万头，其中主要的因素之一是政府制定的养殖业目标较高，虽然"量"增加了，但价格却上不来，效益不及预期。同时，牛奶价格持续走低，造成奶牛养殖场淘汰奶牛数量增多，屠宰量加大，大量淘汰奶牛肉进入市场，拉低了牛肉市场的整体价格。供给与需求失衡，导致牛肉价格下降，养殖效益走低。

（三）外向型经济较弱，对外贸易降幅较大

受内陆地理环境、产业结构单一、运输距离较远、发展不平衡等因素影响，宁夏外向型企业数量较少，在利用外资方面可持续发展动力不足，投融资环境对外资吸引力明显不足，外贸依存度相对较低，反映出外贸对宁夏经济发展的贡献相对有限。受贸易壁垒、产品价格低迷等因素影响，2024 年 1—11 月，宁夏进出口总额 182.1 亿元，同比下降 4.5%，比全国低 9.4 个百分点，居全国第二十九位。其中，出口 132.6 亿元，下降 4.8%；进口 49.5 亿元，下降 3.4%（见图 4）。

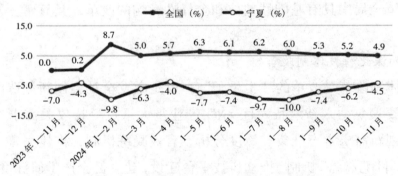

图 4　2024 年 1—11 月全国及宁夏进出口增长速度
资料来源：宁夏回族自治区统计局官网公布数据整理。

三、推动经济高质量发展的对策建议

全面深化改革是推动高质量发展的"关键一招"。健全推动经济高质量发展体制机制，以科技体制改革赋能现代化产业体系建设，科学配置资源要素，培育充分竞争市场，不断激发市场主体活力，释放经济增长动力。

（一）进一步全面深化改革，探索具有本地特色的改革

改革开放是党和人民事业大踏步赶上时代的重要法宝，从"改革"到"全面深化改革"再到"进一步全面深化改革"，从"农村城市"到"经济体制"再到"各个领域"，层层递进、步步深化，改革的定位更加精准、内涵更加丰富、路径更加清晰。党的二十届三中全会对进一步全面深化改革、推进中国式现代化作出战略部署，这不仅是推动中国式现代化的"关键一招"，也是发展新质生产力的重要途径。进一步全面深化改革，推动科技创新和产业升级，推进高质量发展和高水平保护、新型城镇化、乡村全面振兴，为我国经济社会发展提供源源不断的新动能新优势，也是实现中国式现代化的迫切要求。自治区党委十三届九次全会通过的《中共宁夏回族自治区委员会关于贯彻落实党的二十届三中全会精神，进一步全面深化改革、奋力谱写中国式现代化宁夏篇章的意见》，明确了全区进一步全面深化改革的重大意义、总体要求、目标任务、重要举措，为全区进一步全面深化改革指明了前进方向、注入了强大动力。

习近平总书记来宁考察时强调，"宁夏要着力深化重点领域改革，探索具有本地特色的改革"。对此，宁夏要加强经济体制改革、科技体制改革等在全面深化改革全局中具有基础性地位和全局性影响的改革，具有牵一发而动全身的作用。

1. 全面深化科技体制改革

科技体制改革是改革的"牛鼻子"，也是激发全社会创新创造内动力的应有之义。要聚焦"六新六特六优 +N"产业重大重点科技攻关需求，健全完善产业科技创新需求常态征集、深度分析、有效凝练机制，构建完善"以需求定项目、以项目配资源"机制，推动科技平台建设，建立健全产学研深度融合机制。不断完善财政科技投入持续稳定增长机制，进一步引导企业和社会力量持续加大研发投入，为全区科创水平持续提高提供有力保障。构建以自治区实验室、自治区重点实验室、全国重点实验室为重要支撑的实验室体系，高标准推进六盘山、贺兰山实验室建设，推动宁夏高等研究院发展，打造高能级科技创新平台，提升全区科技创新水平。

要把引进、消化、转化科技成果摆在更加突出的位置，强化科技创新和产业创新深度融合、创新链产业链资金链人才链一体贯通，激发科研人员的创新活力，推动科技发明从"书架"走向"货架"，使更多的创新成果转化为实际生产力。注重科技成果跟踪对接落地机制，加快构建东西互联、覆盖全区的技术市场体系，鼓励和引导高校、科研院所按照先使用后付费方式把科技成果许可给中小微企业使用，推动更多科技成果转化落地，努力在算力产业、高端装备、光伏硅等领域，取得更多战略性关键性科技成果转化，催生集聚更多新质生产力。

2. 建立产业开发区园区协同发展机制

开发区在推动经济发展、促进产业升级、加强创新驱动、提升开放水平等方面发挥着主力军作用，也是科技创新的引领区、深化改革的试验区、对外开放的先行区、新旧动能转换的集聚区、高质量发展的示范区，因此推动开发区、园区改革意义重大。要建立产业开发区、园区协同发展机制，深化"管委会＋公司"实质化运行，加快实行"档案封存、身份保留、全员聘用"管理，优化县区园区、跨园区产业合作对接、项目招引流转、统计核算、利税分享、利益补偿等机制，引进具有核心竞争力的龙头企业，培育专精特新"小巨人"企业、制造业单项冠军企业、高新技术企业，推动重大创新成果产业化项目落地。鼓励发展飞地经济模式，提升区域内各园区合作共建、协同发展的积极性，推动相关园区分工协作、联动发展，锻造高质量发展强引擎。

3. 构建绿电园区，降低用电成本

随着"碳达峰、碳中和"目标的提出，构建以新能源为主体的新型电力系统成为我国构建新发展格局、全面助力能源革命的重中之重。要积极推进绿电园区建设，基于智能电网的枢纽平台作用，以电网安全运行为根本，以电力可靠供应为前提，以新能源高效利用为目标，通过"源网荷储"协同互动和多能互补，构建新型电力系统。综合开发利用光伏发电、风电、水电等可再生能源，以及余热余压等资源，并结合储能系统，实现多能互补和智能耦合，如推动煤化工与绿电、绿氢、储能等耦合发展，打造低碳循环的煤炭高效转化产业链，促进煤化工产业高端化、多元化、低碳化发展，形成绿电园区智慧能源解决方案。通过新型基础设施发展绿电直供、源网荷储一体化项目，推进绿能开发、绿电供应、绿电交易和绿电园区建设，完善分层、分时调度机制，提升绿电园区整体管理和自我调节能力，推广绿电消纳与多能互补应用场景，支撑新能源就地平衡消纳，向高耗能大负荷企业、产业园区、数据中心等提供零碳园区综合能源一体化融合产品，提升绿电使用比例，降低企业用电成本，推动能源的绿色低碳转型。

（二）因地制宜发展新质生产力，构建现代化产业体系

新质生产力是习近平总书记从新的实际出发，同新时代经济发展实践相结合，创造性提出的全新理念，是对马克思主义生产力理论的继承和发展。生产力是推动社会进步最活跃、最革命的因素，加快发展新质生产力，既是新时代发展的要求，也是改革的命题。新质生产力强调技术革命性突破、要素创新性配置和产业深度转型升级，体现了生产力质的飞跃。

1. 加快推进特色优势产业发展

2024 年 6 月，习近平总书记考察宁夏时强调，要坚持从实际出发，走特色化、差异化的产业发展路子，构建体现宁夏优势、具有较强竞争力的现代化产业体系。要围绕"六新六特六优 +N"产业，聚焦现代煤化工、新型材料、清洁能源、数字信息、特色农牧业、文化旅游等特色优势产业，精耕细作、精准发力，充分挖掘产业优势和潜力，对"七大产业基地"和"十条产业链"全面梳理、深入研究、量化具体目标，既做到全面推进，又突出重点带动。

2. 建立产业发展链条，形成产业集群

要巩固现代煤化工、装备制造等传统产业优势，用数字化、智能化、绿色化推动传统产业转型升级，形成新质生产力；积极发展特色旅游、全域旅游，着力打造新材料、清洁能源、数字经济等战略性新兴产业，因地制宜发展新质生产力；要加快布局人工智能、先进算力、新型储能、氢能、光电子、量子技术等未来产业，不断培育新产业、新业态、新动能。建立产业链条发展统筹机制，推动线上线下常态化对接联合，加快建设现代煤化工、新型材料、清洁能源（以宁东基地、石嘴山经开区、太阳山工业园区等地为重点打造现代煤化工产业带，以银川经开区，石嘴山高新区，平罗、青铜峡、中卫工业园区等地重点打造新材料产业带，以宁东、吴忠、中卫等地为重点打造清洁能源产业带）等实现产业空间合理布局，形成产业集群。重点发展煤制烯烃、半导体材料、高性能金属、氢能等 10 条产业链，编制产业发展图谱，培育细分产业链新赛道，做好产业延链补链壮链，全力推动新产业、新模式、新动能发展，形成具有竞争力的产业集群，逐步形成完善的现代化产业体系。

（三）把握产业发展与要素供给动态平衡

要把握好发展与安全的关系，适度控制"六特"产业的发展规模和速度，要量力而行、尽力而为。不能单单为追求达到某种目标，虽然保住了"量"，但丢掉了"质"。以肉牛产业为例，到2025年肉牛的养殖量要达到260万头，因不顾其他因素的影响，追求的数量虽然达到了但可能出现因成本过高致使利润降低，付出了很多、花费了不少，结果收益甚微。因此，要从供需两端发力，确保高质量发展和高水平安全良性互动，实现产业发展与要素供给动态平衡。

要统筹好当前利益与长远利益，不能单纯追求目标需求，要留有一定余地，避免竭泽而渔，达到以高质量发展促进高水平安全。因供需关系短期内肉牛产销难以达到均衡，活牛价格短期内也难以回升，为防止市场情况继续恶化，发生大面积的恐慌性活牛抛售或退出，导致行业陷入恶性循环，影响整个供应链，建议自治区相关部门采取积极措施，加强科学引导，减少"踩踏性"出栏是当务之急，应尽快制定出台饲草料补贴及肉牛屠宰加工、信贷支持、政策性保险及肉牛及其相关产品公路运输支持（将牲畜养殖用的干草运输，列入高速公路减免的范围）等一揽子临时性救助政策，降低产业链经营主体的成本。行业主管部门要引导养殖端合理控制产能增速，避免盲目扩张，建议稳慎新建、扩建肉牛养殖场，或考虑不把年度肉牛养殖数量作为考核目标。要建立母牛养殖扶持基金和财政补贴机制，保障母牛养殖者的合理收益，巩固和扩大母牛养殖群体，确保产业发展基础不动摇。

（四）推进重点项目建设，激发市场消费潜力

1. 全力以赴推进重点项目建设

重大工程项目建设具有公共性、通用性、基础性等特点，是扩大国内需求、稳住经济大盘的重要支撑，对于优化供给结构、增加就业、提升科技创新能力、改善区域发展条件、推动高质量发展具有关键作用。要全面开展新一轮项目建设集中攻坚行动，持续扩大有效投资，推动项目建设提速增效，全力遏制投资较快下滑势头。要拓宽项目增量，加快推进国家已批复的第一批"两重"项目建设进度，形成更多投资额和实物量，同时要聚焦第二批申报项目及后续的其他项目申报。要加强对接国家部委等项目源头，做实论证、做深前期、积极争取，力争更多项目进入国家"盘子"。要加大以商招商、产业链招商、专班招商力度，

有效补充项目储备、接续不足短板；要积极用好国家一揽子政策"组合拳"，精准制定房地产市场具体措施，多措并举打通存量商品房和保障性住房转换通道，努力促进房地产市场止跌回稳，着力构建房地产业发展新模式，持续调动民间投资积极性，推动民间投资增长尽快转正。

2. 激发消费潜力，促进消费增长

宁夏消费基数相对较小，具有较大潜能，要发挥好文化旅游、会展博览、体育赛事等行业的乘数效应，深入挖掘拓展平台经济、共享经济、流量经济、停留经济空间，带动交通出行、住宿餐饮、景点服务、休闲娱乐等产业链式发展。持续加大促消费政策力度，抢抓消费品以旧换新政策机遇，加大力度开展汽车促销，叠加以旧换新补贴、企业置换让利等优惠措施，促进消费潜力释放，发挥促消费专项资金、消费券撬动作用，针对不同群体、不同行业领域，继续组织开展形式多样的促消费活动，推动批发零售、住宿餐饮、交通物流等消费快速增长，进一步促进社会零售消费回升，以稳住消费"大盘"。

抓好"更新""换新"，推动汽车、家电、家装厨卫等以旧换新政策落地落实，增加以 5G 通信和"新基建"为支撑的家用型终端产品供给；完善报废汽车、废旧家电等回收网络，探索推行"购新＋收旧"一站式服务，线上与线下结合，畅通回收循环利用的渠道，让居民能更好地享受政策，拉动家电行业增长。推动优质商品和服务下沉到农村市场，开发更多适合农村消费特点的商品、服务，建设立足乡村、贴近农民的生活消费服务综合体，让农村居民就地就近享受到与城镇同品质同标准的商品和服务；也要加大力度发展以生鲜为核心的冷链物流，扩大原产地直送直配和直销规模，推动城乡商品互动。

2024年宁夏社会发展状况与2025年宁夏社会发展形势展望

马 妍

2024年是实现"十四五"规划的关键之年，面对国际国内严峻复杂的发展环境，宁夏回族自治区各级党委、政府坚持以习近平新时代中国特色社会主义思想为指导，深入落实习近平总书记考察宁夏重要讲话和重要指示批示精神，按照自治区党委十三届历次全会安排部署，因地制宜发展新质生产力，在经济总量相对较小、增长支撑相对较弱的发展条件下实现了增速和提质的双赢。优先发展教育，全方位推进全民卫生健康水平，加强社会保障体系建设，逐步推进和完善多主体参与的社会治理体系，各项以人民为中心的社会建设事业迈出坚实步伐，人民群众的获得感、幸福感、安全感显著提升。尤其是第三季度末在全国率先开展了全区范围齐动员的"百日攻坚战"，精耕细作、精准发力，为宁夏的发展找差距、补短板，在年末实现了稳定经济增长和提升社会服务水平的目标，现代化美丽新宁夏建设迈上新台阶。

作者简介 马妍，宁夏社会科学院社会学法学研究所副所长，副研究员。

一、2024 宁夏社会发展形势分析与主要成就①

（一）经济运行平稳向好

2024 年宁夏经济运行呈现总体平稳、稳中有进、稳中向好的发展态势。前三季度全区实现地区生产总值 3860.43 亿元，按不变价格计算，同比增长 4.9%，实现地区生产总值稳定上升（见表 1）。

表 1　2024 年前三季度宁夏地区生产总值和产业结构表

单位：亿元

地区生产总值		第一产业		第二产业		第三产业	
产值	增长率	增加值	增长率	增加值	增长率	增加值	增长率
3860.43	4.9%	288.75	6.3%	1768.48	7.0%	1803.20	2.8%

1. 生产供给保持较快增长

工业保持较快增长，制造业和主要行业均保持较快增长，主要行业支撑作用显著，重点产品产量持续增长。至 2024 年 11 月，宁夏规模以上工业增加值同比增长 9.4%，重工业增长 9.9%，轻工业增长 4.1%。其中，制造业增加值增长 12.0%，主要行业如煤炭、电力、石油化工等均保持增长，重点产品也实现扩产增量。同期，宁夏农业生产势头良好，粮食产出喜人，畜牧业生产贡献突出，农林牧渔业总产值 613.19 亿元，同比增长 6.2%。其中，"六特"产业产值 452.07 亿元，增长 5.0%。

2. 内需潜力有效释放

投资和消费增速明显，三次产业投资全面回升，电力投资和水利投资增速明显加快。市场消费持续向好，新兴动能成长壮大，财政金融运行平稳，重点监测商品市场销售向好，新能源汽车销售增势强劲。尤其在大规模设备更新和消费品以旧换新政策的支持下，举办各类促消费活动，带动居民消费增加，前三季度，城镇居民人均消费支出 21440 元，比上年同期增加 854 元，增长 4.1%。消费市场加快回暖，全区优化消费供给，大力推进以旧换新政策落实。

---

①本部分数据均来自宁夏回族自治区统计局官网。

3. 发展动能持续增强

新型动能培育成长显著，前三季度全区高新技术制造业增加值同比增长6.1%，工业技改投资同比增长11.6%，高技术服务业投资增长27.8%；绿色能源发展扎实推进，前三季度全区水电、风电、太阳能等可再生资源发电量增长8.4%，占工业发电量比重由上年同期的26.5%提高到27.9%，受此影响全区优良天数比例提高至77.6%，PM2.5平均浓度为29微克/米3，地表水国家考核的20个断面水质优良比例为95%，同比上升15.0个百分点。

（二）城乡居民收入持续增长

为夯实共同富裕基础，宁夏2024年出台多项民生政策、实施多项居民增收致富工程，城乡居民收入水平保持较快增长势头，全体居民人均可支配收入为23421元，比上年同期增长5.6%，增速位居全国第四。

1. 城镇居民增收情况

前三季度，城镇居民人均可支配收入32253元，比上年同期增加1514元，增长4.9%，增速位居全国第三。一是工资性收入拉动城镇居民增收。前三季度，宁夏城镇居民人均工资性收入21803元，比上年同期增加1050元，增长5.1%，占人均可支配收入比重为67.6%，对人均可支配收入的贡献率为69.3%，拉动居民增收3.3个百分点，是居民增收的主引擎。工资性收入增长的主要原因是政策护航和就业保障，宁夏自3月1日起，提高月最低工资标准，一类区由每人每月1920元提高到2050元，二类区由每人每月1840元提高到1900元，原三类区统一调整为二类区，标准由每人每月1750元提高到1900元。二是经营净收入持续恢复。前三季度，人均经营净收入3406元，比上年同期增加157元，增长4.8%，增速比上半年放缓0.3个百分点，占人均可支配收入比重为10.6%，拉动居民增收0.5个百分点。经营净收入增长的主要原因有三个：原因一，各项惠企利企、减税降费政策持续发力，延续实施阶段性降低事业保险费率至1%政策，通过减税降费和小微企业贷款扶持等政策，降低企业经营成本，助力企业发展；原因二，各地持续开展消费惠民系列活动，精准定位消费品以旧换新补贴政策，提升消费吸引力，促消费激发市场新动力；原因三，文旅行业强劲带动三产经营性收入增长，各市县深究文旅市场潜力，结合各地实际情况，举办精彩纷呈的文化旅游活动，带动三产经营性收入增长。三是转移净收入平稳增长。前三季度，人均转移净收入6090元，比上年同期增加288元，增长5.0%，增速比上半年提高0.1个百分点，占人均可支配收入比重为18.9%。转移净收入增长原因是养老金稳定增长与医保统筹改革。调整机关事业单位基本养老金，定额调整每人每月增加45元，全区共为76.39万人次发放机关事业单位养老金46.28亿元，同比增加5.25亿元，增长12.8%。医保制度改革方面，统筹提高门诊报销待遇、医保惠民补贴、门诊互助补贴等政策，人均报销医疗费比上年同期增加7元，增长5.1%。

2. 农村居民增收情况

为提高农村居民收入，自治区围绕粮食生产和重要农产品稳产保供、脱贫成果巩固、重点项目建设、特色产业发展全面发力。前三季度，宁夏农村居民人均可支配收入12167元，比上年同期增长7.0%，人均消费支出10885元，比上年同期增长6.3%，收入与消费实现稳定增长。农村居民收入增长特点主要有四个：一是增速快于全国平均水平。前三季度，宁夏农村居民人均可支配收入增速高于全国平均增速0.4个百分点，在31个省（区、市）中居第八位。在西北五省区中居末位，低于排位第一的新疆1.8个百分点，比排位第四的陕西仅低0.1个百分点。二是增速跑赢GDP。前三季度，扣除价格因素，宁夏农村居民人均可支配收入同比实际增长7.3%，快于GDP（4.9%）增速2.4个百分点。农村居民收入快速增长，为实现城乡协调发展和全体人民共同富裕夯实基础。三是农村居民收入增长快于城镇。前三季度，宁夏农村居民人均可支配收入比上年同期增长7.0%，增速快于城镇居民2.1个百分点，城乡居民收入比由上年同期2.70缩小至2.65，城乡收入差距逐步缩小。四是四项收入全面增长。前三季度，宁夏农村居民人均工资性收入、经营净收入、财产净收入和转移净收入具体情况见表2。其中，工资性收入和经营净收入对农村居民人均可支配收入增长的贡献率分别为39.9%、36.2%，是拉动可支配收入增长的主力（见表2）。

农村居民增收向好因素主要有个四方面。一是农业转移人口就业形势总体稳定，工资性收入稳步增长。工资性收入增长的主要原因是劳务输出、就业技能培训和现代农业发展。首先，各地围绕重点群体就业，深化区域劳务协作、不断强化就业服务，加强劳务输出；其次，各市县紧贴市场用工需求和农民意

表 2　前三季度宁夏农村居民人均可支配收入结构

单位：元、%

指标	绝对值	增速	占比	贡献率	拉动百分比
可支配收入	12167	7.0	—	—	—
工资性收入	4884	7.0	40.1	39.9	2.8
经营净收入	4490	6.9	36.9	36.2	2.5
财产净收入	142	19.4	1.2	2.9	0.2
转移净收入	2652	6.8	21.8	21.1	1.5

愿，开展劳动技能培训，积极落实一次性交通补贴优惠政策，加强困难群众就业保障；再次是高标准农田建设、农业产业化发展以及三季度种植业用工需求旺盛等因素带动农村居民就近务工增多。农民工监测数据显示，前三季度，本地非农劳动力 35.6 万人，同比增加 3.1 万人，增长 9.5%。二是农牧业发展向好，带动经营净收入增长。前三季度，农村居民人均经营净收入占人均可支配收入的比重为 36.9%，对人均可支配收入增长的贡献率为 36.2%，拉动居民增收 2.5 个百分点，是拉动农村居民收入增长的第二大因素。三是民生保障有力有效，转移净收入稳定增长。前三季度，农村居民人均转移净收入 2652 元，比上年同期增长 6.8%。占人均可支配收入的比重为 21.8%，对人均可支配收入增长的贡献率为 21.1%，拉动居民增收 1.5 个百分点，是农村居民收入增长的重要支撑。四是农村土地流转更加规范，带动财产净收入增长。前三季度，农村居民人均财产净收入 142 元，比上年同期增长 19.4%，其中，人均转让承包土地经营权租金净收入 238 元，比上年同期增长 15.6%。随着乡村振兴深入实施，农业产业化加快，农村连片种植增多，农民土地流转加速，土地流转租金兑付及时，带动农民财产性收入增长。据农业农村厅统计，2024 年全区土地经营权流转面积 377.5 万亩，比上年同期增长 3.0%，流转费达 20.1 亿元。

（三）就业形势总体稳定

2024 年，全区上下认真学习贯彻习近平总书记关于促进高质量充分就业重要讲话精神，深化促进就业"七大机制"，深入实施就业创业优先工程，持续强政策、抓落实、保重点、提能力、优服务，在经济回升向好的有力支撑下，全区就业形势总体稳定。2024 年 1—10 月，城镇新增就业 8.14 万人，农村劳动力转移就业 83.37 万人，完成全年任务的 101.77%、104.22%。全面布局"一县一品"，实现由增量扩面向提质增效的蝶变，步入品牌赋能、迭代升级的"快车道"，成为拉动就业增长、促进群众增收，助力经济社会发展的"金字招牌"。

1. 实施稳内拓外促就业

出台稳内拓外促就业 20 条、高校毕业生等青年就业创业 12 条等政策，实施"降返补"措施为企业减缴社保费 56.17 亿元，发放稳岗返还、扩岗补助、技能提升等补贴 1.52 亿元和"宁岗贷"12.24 亿元，惠及 6.5 万户企业 144.5 万职工。实施稳内拓外促就业和劳务品牌促就业专项行动，先后签订省级劳务协议 16 份，市县级劳务协作协议 130 多份，有组织转移 25.19 万人、区外务工 14.79 万人，同比分别增长 26%、14%。积极开展省际高校毕业生就业创业经验交流和供需对接，先后与内蒙古、甘肃等沿黄九省区签订高校毕业生就业创业联盟框架协议，组团赴福建、四川、山西、陕西、内蒙古等地开展跨省区招聘和人力资源交流合作，挖掘就业岗位 1 万多个。深化闽宁等省际劳务协作，"点对点"输送 4054 人外出就业。

2. 重点、困难群体就业稳步推进

实施高校毕业生就业创业促进和基层成长计划，公务员统一招录、选调生招录和西部计划招募基本结束，事业单位统一招聘面试加速推进，"三支一扶"、见习实习等按时序进度稳步开展，举办线上线下招聘会 745 场次，毕业去向落实率好于上年同期。开发 2024 年高校毕业生编制内、基层服务、过渡性等 16 个项目就业岗位 3.38 万个，较上年实际落实岗位数增加 61%。落实"一对一"帮扶措施，困难毕业生帮扶就业率为 86.5%，离校未就业毕业生帮扶就业率为 86.14%。实施就业援助帮扶行动，新开发公益性岗位 8250 个，全区在岗城乡公益性岗位 6.24 万个，失业人员再就业 5.5 万人，就业困难实现就业 8163 人，零就业家庭动态清零。

3. 就业技能培训高质量开展

首次列出"新八级工"职业技能培训补贴范围及标准，大规模推广城乡劳动者"直补个人"培训政策，组织政府补贴性技能培训 3.3 万人，新增高技能人才 6873 人。首次遴选发布急需紧缺职业（工种）目录，发布《宁夏急需紧缺职业（工种）目录》（2024 年版），包含急需紧缺职业（工种）36 个，其中涉及"六新"产业 18 个、"六特"产业 13 个、"六优"产业 5 个，给予培训补贴上浮 20% 的倾斜政策。

4. 劳务品牌促就业取得实效

宁夏充分调动和发挥社会力量，撬动市场资源，立足地域优势，全力推进特色劳务品牌建设，与产业发展"比翼齐飞"，培育打造贺兰山东麓葡萄种酿工、海原司机、吴忠厨师等 32 个劳务品牌，实施劳务品牌促就业行动，带动就业46.1 万人，年经济效益 157.4 亿元。

5. 创业带动就业成效明显

深入实施"创业宁夏"和重点群体创业推进行动，完善"培训＋贷款＋服务"全链条一体化创业帮扶体系，联合金融机构开发"创业贷＋商贷"优惠利率产品，创业创新生态进一步优化。该项行动中全区共建成创业孵化园 120 家，发放创业担保贷款 17.56 亿元，培育创业实体 1.59 万家，创造新岗位 2.59 万个，创业带动就业 5.5 万人。联合 16 家金融机构推出百亿"崇军贷"，累计发放 26.2 亿元。

6. 就业公务服务水平显著提升

区市县协同开展"10+N"专项就业服务，开展公共就业服务专场直播，创新"直播带岗、直播送政策""入企探岗、访企拓岗""人才夜市""宁东专场招聘会""全国大中城市联合招聘高校毕业生"等政企校联动招聘活动。区内外协作开展线下线上招聘会 1366 场次，提供岗位信息 51.32 万个。举办退役军人专场招聘会 131 场次，提供就业岗位 4.1 万个，实现退役军人就业 1246 人。设置公务员、事业单位共享和定向岗位 401 个，招录退役军人 92 人。举办首届宁夏就业公共服务专项竞赛，选拔的 2 名选手在全国赛中获十佳。

（四）教育发展和改革

1. 全面系统推进基础教育扩优提质

推动学前教育普惠发展，大力发展公办园，积极扶持普惠性民办园，多渠道扩大普惠性资源，学前 3 年毛入园率 91.96%，普惠率 91.13%、公办率61.83%。统筹资金 9778.5 万元，支持各地新改扩建幼儿园 10 所、建筑面积 3万平方米，新增学前教育学位 2610 个。提高保教人员待遇，全区 2.4 万多名聘用保教人员收入达到当地最低工资标准的 2 倍。培育认定自治区级示范幼儿园64 所，优质学前教育资源进一步扩大。推动义务教育城乡一体化，深化集团化办学，推进城乡学校共同体建设，培育新优质学校 60 所，集团化办学覆盖率达到 50%。统筹资金 9.73 亿元，支持 224 所中小学校新改扩建校舍 21.4 万平方米、运动场面积 50.8 万平方米，配置教育教学设施设备 70.57 万台（件套册），新增义务教育学位 6000 个。推动普通高中多样化发展，实施高中内涵建设行动，由 10 所自治区特色高中牵头组建 10 个发展联盟，将所有高中纳入联盟管理，探索普通高中特色化发展新路径。统筹资金 5.29 亿元，支持新改扩建高中 14 所，新增校舍面积 10.9 万平方米，2024 年宁夏新增高中学位 4200 个，全区普通高中招生比例由 2023 年的 65% 提升到 70.9%，率先打破职高、普高五五分流的结构。

2. 推动高等教育振兴发展

推进高等研究院建设，聚焦现代化工、数字信息、葡萄酒 3 个产业，遴选 95 个校企联合科研项目、配套经费 8.4 亿元，足额完成首批 233 个硕博士招生计划。深化学科专业改革，印发《宁夏回族自治区普通高等教育学科专业设置调整优化改革实施方案》，新增新能源材料与器件、智能电网信息工程、中医康复学等急需紧缺、新兴交叉本科专业点，撤销了采矿工程等 7 个不适应经济社会发展的本科专业点。组织完成新一轮博士硕士学位授权审核和推荐工作，新增博士学位授权点 6 个、硕士学位授权点 21 个。加强"双一流"建设，督促指导宁夏大学抓好化学工程与技术一流学科整改，协调自治区财政投资 2 亿元，重点支持民族学、数学、化学工程与技术等 20 个一流学科建设。推动"十四五"高校设置，宁夏师范学院更名为宁夏师范大学，新设宁夏交通职业技术学院并完成首期招生。宁夏职业技术学院升格大学事项，完成自治区考察论证已按程序报请教育部考察评估。加快建设宁夏闽江应用技术学院，开工建设校舍 15.6 万平方米。

3. 加快建设现代职业教育体系

深化产教融合，依托银川、石嘴山、吴忠产业园区，政校企联合打造市域产教联合体 5 个，9 所职业学校联合区内外高校、行业企业，建成现代煤化工、现代物流等行业产教融合共同体 17 个。护理康养医教融合、数字信息技术、葡萄酒等 5 个国家级产教融合实训基地全部建成。推动办学条件达标，完成 32 所公办职业院校达标情况核查，生均教学科研仪器设备值、图书、校舍建筑面积达标率分别为 100%、83%、90%。对 5 所高水平高职学校、16 个高水平专业群建设周期进行绩效评价，促进学校内涵发展。优化布局结构，建成宁夏交通职业技术学院，首批设置轨道交通、智能交通、道路与桥梁等 5 个专业，招生 915 人。

4. 推动特殊教育普惠发展

支持青铜峡市、彭阳县建设特殊教育学校；指导固原市、同心县在特殊教育学校附设中职部；指导中宁县加快建设国家特殊教育改革实验区。推动专门教育健康发展，会同自治区 17 部门印发《关于加强专门学校建设和专门教育工作的实施方案》，建成全区首批 2 所专门学校并如期实现招生入学。

5. 加强高素质教师队伍建设

深化师范教育改革，实施师范教育协同提质计划，完善师范生公费培养机制，推进国家师范生本研衔接公费教育，探索地方公费师范生退出机制和跨专业培养模式，2024 年招录地方公费师范生 500 名。提升教师教书育人能力。推荐 6 名教师和校长入选教育部新时代名师名校长培养计划，持续对 64 名自治区名师名校长开展周期性进阶性培养，遴选 400 名优秀教师、校园长赴上海、江苏等五省市跟岗实践。深入实施"国培""区培"计划，培训教师 1.18 万人次。健全师德师风机制，组织 1153 名中小学校长、党组织书记开展师德专题培训，通报典型案例 5 起，核查处置师德失范问题 15 起。

6. 大力实施教育数字化战略

支持县（区）、学校建设数据赋能教育应用场景，梳理应用场景 70 多个，归集教育数据 2700 多万条。加强教育数字化基础支撑，加快推进教育专网建设，实现全覆盖接入，校园无线网覆盖率 91.7%。建成覆盖 22 个市县（区）的智慧教研中心，形成区市县（区）校四级贯通的智慧教研体系。建设中小学数字教学设备监测系统，全区数字教学终端常态使用率达 95.7%。优化升级智慧教育平台，研发智慧学伴、智慧作业、智慧教研系统，升级智能教学助手，应用普及率达 98%。推进教育大数据中心建设，制订《宁夏教育大数据中心建设方案》等。

7. 深化教育领域综合改革

巩固拓展"双减"成效，圆满完成"双减"3 年目标任务，全区义教阶段学校 100% 开展课后服务，97% 的学生在规定时间完成作业，义务教育阶段教学质量明显提升。深入推进教育评价改革，探索以行业为主的职业学校评估模式，推进高等教育分类评价，突出教师教学实绩评价，构建数据驱动的学生综合素质评价体系，各级各类学校立德树人落实机制更加完善，引导教师潜心育人的评价制度更加健全，促进学生全面发展的评价办法更加多元。稳步推进高考综合改革，印发《宁夏普通高中学业水平选择性考试科目等级赋分办法（试行）》，修订《宁夏回族自治区普通高等学校招生考试报名条件规定》等政策文件，设计开发成绩处理、计划编制、志愿填报辅助、投档录取辅助等 4 个信息系统，升级改造网上报名、考场编排、志愿填报等 3 个信息系统。

（五）卫生健康水平稳步提升

1. 提升公共卫生健康水平

开展学生近视、肥胖等健康因素监测，建立儿童青少年近视预防和诊疗一体化模式。重大慢性病过早死亡率低于全国水平 0.4 个百分点。开展常态化线上线下控烟科普活动和农村"千吨万人"水源地规范化建设，实施生活垃圾清运、渣土扬尘等城乡环卫一体化提升专项行动，"厕所革命"和垃圾污水处理持续推进，农村自来水全面普及，全区农村卫生厕所普及率达到 70%。加强精神卫生服务体系建设，提升专业能力和服务水平，实现了信息共享和严重精神障碍患者管理目标。

2. 优化医疗资源布局

推动公立医院高质量发展，增进优质医疗资源扩容和均衡分布。稳步推进疾控体系改革，促进医防协同发展，加强重大疾病和慢性病防治，提升公共卫生服务水平，构建更加高效的公共卫生管理体系。学习借鉴三明医改经验，促进"三医"协同治理，优化"紧密型医联体内的网格化医共体"模式，完善分级诊疗制度。数据质控工作有序开展，各级公立医院相关信息系统已与自治区一体化平台完成对接，二级以上公立医疗机构已实现检查检验结果互认，推动"互联网＋医疗健康"质量提升。

3. 紧密型县域医共体建设

2024 年深入实施"省级登峰，市级提质，县级达标，基层倍增"计划，着力提升各层级医疗机构的服务能力、服务水平。全区择优遴选了 3 个县域紧密型医共体建设，以此为载体，实施县域医疗卫生机构能力建设项目。开展"千名医师下基层"和"组团式"对口支援活动，在县域医共体内加强乡镇卫生院能力建设，城市二级医院支援帮扶靠近城市中心城区的乡镇卫生院，县级医院支援帮扶远离城市中心的乡镇卫生院和村卫生室。同时坚持中西医并重，夯实基层中西医服务基础，统筹县域中医药服务资源，更好地满足人民群众看病就医需求。

4. 重点人群卫生健康保障

优化老年人卫生健康服务，改善生育环境，提高妇幼保健水平。具体为对0—6岁儿童、65岁及以上老年人、孕产妇等10类重点人群开展家庭医生签约服务提质行动；对高血压、糖尿病、结核病患者依规面访；对精神病患者、残疾人根据病情提供有针对性和科学的康复方案和干预措施。实现新生儿出生"一件事"一次办，提交新生儿出生"一件事"联办申请，就能为孩子办理户口登记、居民医保登记等一系列事项，"一件事"联办服务已覆盖70余家综合医疗机构和妇幼保健机构等助产机构，涵盖出生医学证明办理、婚生子女出生户口登记、城乡居民基本医疗保险参保登记、社保卡办理等3类共7个政务服务事项。

（六）其他基本公共服务稳步发展

1. 养老服务供给持续优化

建立养老技术技能导向评价机制，设立养老护理职称体系，全国率先实现单独序列养老护理专业职称评审，打破技术职称与职业技能之间的界限，拓宽技术技能人才上升通道，促进两类人才融合发展。获批立项并开展养老服务地方标准制（修）订项目7项，发布后全区养老服务领域地方标准达到39个，围绕"通用基础标准、服务保障标准、服务提供标准和岗位标准"四大标准体系、具有宁夏特色的养老服务体系进一步完善。

争取民政部、财政部居家和社区基本养老服务提升行动项目，在全国率先实现提升覆盖。在全国率先从省区级层面出台供需两端发力的常态化经济困难老年人养老服务和护理"两项补贴"制度，在服务内容上实现新突破。印发积极发展老年助餐服务实施方案，创新老年助餐服务形式，建成老年助餐服务设施1034家，服务覆盖率达到45%。

2. 托育服务加快发展

深化社会救助改革，出台《关于改革完善社会救助制度的实施意见》，全区 22 个县（区）社会救助审批权限全部下放到乡镇（街道），率先在全国实现省域全覆盖。同时，建立健全社会救助家庭经济状况评估认定、困难群众救助资金管理等多项制度机制，将困境儿童心理健康关爱服务、农村留守儿童和困境儿童关爱服务质量提升三年行动纳入自治区困难群众救助。

3. 宜居安居水平大幅提升

深化住房安居宜居工程，营造温暖居住环境。扎实做好民生兜底保障，精准用好公租房实物配租和租赁补贴两种保障方式，多主体、多渠道发展保障性租赁住房，推动开展收购已建成存量商品房用作保障性住房工作。采取拆除新建、改建、原址重建、抗震加固等多种方式，加快推进城中村、城市 CD 级危房改造，尽早消除危旧房安全隐患。2024 年，宁夏争取中央保障性安居工程补助资金 5 亿元，自治区财政配套资金 1.68 亿元，支持各市县筹集建设配租型保障性住房 3240 套，开工建设配售型保障性住房 720 套，发放公租房租赁补贴5100 户，分配入住公租房 17.5 万套、入住率 93.9%；开工改造城市危旧房 415套，实施城中村改造 1000 套；启动收购存量商品住房用作保障性住房工作，银川市已完成首单收购 620 余套存量商品房。通过分类精准保障，全年新增解决城市中低收入、新市民、青年人等 4 万多人的住房困难问题。

（七）社会保险扩面提质

1. 深化社保扩面提质工程，健全社会保障体系

巩固和拓展全民参保成果，推进高质量参保。截至 10 月，全区养老保险、失业保险、工伤保险参保人数分别为 526.61 万人、126.55 万人、156.04 万人，分别完成年度目标任务的 100.11%、101.24%、104.73%。

2. 深化社保制度改革

巩固企业职工基本养老保险全国统筹改革成果，建立省级政府养老保险工作考核机制，完善职业年金和企业年金制度，27.34 万人参加职业年金、5.32万人参加企业年金。稳妥有序地推进渐进式延迟法定退休年龄改革，试点推广个人养老金制度，52.37 万人参加个人养老金。先行在银川市、石嘴山市（本级）试点首批工伤保险跨省异地就医直接结算工作，争取宁夏开展全国第二批新就业形态职业伤害保障试点。选取西夏区、永宁县、灵武市等 5 个县（市、区）的 16 个村（社区）开展养老保险集体补助试点，惠及参保居民 1.04 万人，补

助资金 28.24 万元。

3. 全力推动扩面提标

精准推进农民工、新业态从业人员等重点群体参保，新开工工程建设项目工伤保险参保率 99.9%，高于国家目标任务 9.9 个百分点。为全区 15.03 万低保对象、边缘家庭等 6 类特殊群体代缴养老保险费 1089.22 万元。落实养老金正常调整机制，企业退休人员月人均养老金水平达到 3789 元。继续实施城乡居民养老保险"七年提标计划"，自治区月基础养老金提标 5 元，国家级基础养老金提标 20 元，月人均养老金水平达到 299 元。

4. 推动基金保值增值

委托投资运营企业职工、城乡居民养老保险基金 42.2 亿元，年均投资收益率 2.53%；职业年金计划资产净值 206.72 亿元，年均投资收益率 3.36%，企业职工、城乡居民、机关事业单位基本养老和失业、工伤保险基金累计结余 397.9 亿元，静态可支付月数为 11.1 个月、45.3 个月、7.7 个月、45 个月、9.5 个月，总体运行安全稳健。

5. 深化社保管理服务

创新开展退休、社保卡居民服务、企业员工录用、灵活就业、工伤政务服务 5 个"一件事"，依托自治区政务服务网、"我的宁夏"APP、经办服务窗口等平台渠道，推行"个人掌上办＋企业自助办＋窗口现场办"等多元化办事模式，高质高效推动"一件事一次办、集成办、免证办、就近办"等落地应用，失业保险经办法得到人社部向全国推荐。

二、2024 宁夏社会发展面临的问题与挑战

2024 年，宁夏各级党委和政府学习贯彻党的二十大和二十届三中全会、习近平总书记考察宁夏重要讲话和重要指示批示精神，严格落实自治区十三届历次全会部署，经过一年的奋斗和发展，基本完成年初制定的各项发展任务和目标。但受地域、区位和外部环境等因素影响，宁夏经济社会发展仍存在一些矛盾和困难。

（一）经济回升向好的基础并不牢固，经济下行压力依然较大

一是经济发展的结构性矛盾客观存在。宁夏的传统支柱产业如煤炭、电力、化工、冶金等在经济增长总量中占比较大，这些产业多为高耗能行业，产业链短，产品的附加值还有待提升，既面临过剩产能化解问题，又面临国家环保政策和生态建设压力，产业的转型升级任务艰巨。二是尽管政策提振助力经济发展的效果显著，但内部需求不足仍然存在，导致市场活跃度不高，资金流动性较慢。内需不足的主要原因是消费市场不够兴旺，投资主体投资信心不足，中低收入的城乡居民的消费信心不足，消费能力也因收入的不确定性有所下降。三是新兴产业虽然发展较快，但当前规模和体量尚小，均属于培育阶段，对经济增长的贡献比较有限，例如人工智能、先进算力等。四是科技创新能力较弱，科技成果转化率低，对经济发展贡献不足。宁夏的科研技术设施薄弱，政府和企业对科技研发方面投入的资金有限，也缺乏有效的科技成果转化机制和平台，许多科技成果难以与市场对接，无法实现产业化应用。

（二）就业问题制约居民收入，也间接影响消费市场的活跃度

一是失业问题仍然是影响社会稳定的潜在因素。2024宁夏就业总体稳定，至11月份全区调查失业率在可控或者说可接受的范围内，相对于经济增长的情况以及目前发展阶段经济增长的就业弹性来说是符合规律的，城镇调查失业率在一个相对的高位区间波动，仍然是影响家庭收入、家庭和谐和社会稳定的因素。二是高校毕业生就业压力大。"十四五"以来，宁夏城镇新增就业年均7.5万人以上，2024年区内高校毕业生约6万人，区外高校毕业的宁夏籍毕业生约1.1万人，总量和增幅已创历史新高，就业人口基数大，必然造成就业市场供大于求的矛盾较为突出。三是就业结构性矛盾突出。前两个就业方面的问题还没有得到解决，另一个客观存在的问题是有些行业和有些工作岗位存在用工困难，这是一对矛盾，也说明宁夏的就业结构性矛盾突出。宁夏24个工业园区产业工人缺口有3万多人，未来两年缺口还将继续上升，预计在10万人左右，主要集中在能源化工、电气工程等，而这些专业毕业生数量不足，同时也存在专业技能无法满足产业需求的问题。就业的结构性矛盾的另一个原因是就业观念陈旧和就业意愿不强烈。大量高校毕业生在宁夏就业首选考公、考编，倾向于工作和收入较为稳定的岗位，对存在发展风险和福利待遇不稳定的用工单位基本不考虑，很多家庭宁愿让毕业生在家待业花费好几年时间考公考编考研，也不愿意孩子立即进入小型公司和工厂工作，或者从事服务业，"蹲族""全职儿女"现象增多。

分析当前经济社会形势的时候，很多人沿用投资、出口、消费这拉动经济增长的"三驾马车"理论来解说，认为消费特别是居民消费成为当前拉动经济增长的最重要因素，这并没有错，但我们也必须要捋清其中的逻辑关系和先后顺序：有就业才有收入，有收入才有消费。要先稳住就业、稳住收入，才能稳住消费。可以说，高质量就业是高质量发展的内在要求。

（三）教育和医疗服务难以完全满足人民群众对高质量发展和高水平健康的需要

教育方面，一是宁夏的高等教育资源相对中东部地区较为匮乏，这在客观上导致宁夏籍的优秀生源往往不将本地高校作为最优就读选择，而是能考区外一本就不在宁夏高校就读，导致大量优秀人才从18岁开始就流往区外，这些在区外就读的学生毕业后很多没有回宁夏就业，服务家乡发展者甚少，这是制约宁夏人力资源提质的重要因素。二是高校和职业教育的专业设置不能很好地服务"六新"产业对技能型人才的需求。三是基础教育"双减"的效果还有待提高，以人的全面发展为中心的教育理念在升学率压力下难以真正落实。

医疗卫生方面，医疗资源的分布不均，尤其是优质医疗资源仍然集中在首府银川和5个地级市，农村和偏远地区医疗机构的基础设施和人才短缺仍然存在。部分县市医疗救助信息不对称，医保异地结算仍然存在壁垒，结算中还存在一些问题难以解决。

（四）社会保障和救助仍存在短板

一是新增扩面资源收紧，灵活就业人员和农民工参保不稳定，缴费积极性不高，选择性参保、脱保、断保、漏保问题不同程度存在。网约车司机、外卖骑手等新业态从业人员及城乡社区工作者、实（见）习生、超龄人员等特定人员职业伤害保障缺失问题日益凸显。二是救助帮扶理念和工作机制与推动共同富裕实践要求还不相适应，救助服务质效还有不足，动态管理还有差距，精准救助有待完善。低收入人口动态监测还不完善，各部门数据共享还不全面，救助保障方式相对单一，发挥慈善力量救助帮扶不足。三是退役军人服务保障能力亟待提升，受学历、技能、经验等多方面因素影响，退役军人就业预期与市场需求、专业技能与岗位需求契合不够，就业结构性矛盾突出，退役军人参与乡村振兴、基层治理、生态保护等领域的支持机制亟待进一步完善。

三、2025 年宁夏社会发展展望及政策建议

当前，宁夏主要经济指标增速逐步回升，呈现出总体平稳、稳中有进、稳中向好的良好态势，但经济持续稳定增长的基础还不够稳固。经济形势越是复杂严峻，越要加强社会建设，解决民生关切，兜住兜牢社会保障底线。展望 2025 年，宁夏经济发展的有利条件和支撑因素依然较多，随着存量政策持续显效、增量政策有效落实、政策组合效应不断释放，特别是自治区党委十三届九次全会研究明确的 300 多项改革举措逐步落地，将为宁夏经济社会发展注入新动能。

（一）全面贯彻党的教育方针，办好人民满意教育，加快建设高质量教育体系

1. 持续提高基础教育质量

大力实施基础教育扩优提质工程，推动学前教育普及普惠、义务教育优质均衡、高中教育多样化特色化发展，进一步巩固提升基础教育质量。特别是要健全与区域协调发展、城乡人口变化、群众所期所盼相适应的基础教育资源统筹调配机制，优化调整城乡基础教育资源布局，办好必要的乡村小规模学校，加快扩大普通高中教育资源供给，力争再新增一批义务教育学位和普通高中学位，确保学前教育毛入园率、义务教育巩固率、高中阶段教育毛入学率等主要指标实现"十四五"规划发展目标。

2. 深化职业教育产教融合

聚焦宁夏特色产业发展战略，实施好职业教育体系建设改革工程，推动职业教育与产业发展有效衔接，打造一批开放型、共享型、智慧型产教融合实训基地，促进校企合作"双元"育人。特别是要进一步推进职普融通，提升职业学校关键办学能力，办好一批示范性中等职业学校，推进全区职业教育提质升级、地级市职业教育特色发展，充分发挥职业教育服务地方发展的作用。

3. 促进高等教育内涵发展

坚持把高等教育持续健康发展放在首位，大力实施高等教育扩能扩容工程，推进高等教育分类管理和高等学校综合改革，促进研究型、应用型、职业技能型高校科学定位、特色发展。一方面，要稳步推进高校分类改革，引导高校适应自治区重大战略需求，动态调整学科专业，重点发展社会急需、特色鲜明的学科专业，撤销一批不适应经济社会发展的本科专业点，整合盘活用好高等教育发展资源，推行跨学校、跨学科、跨专业联合交叉培养；另一方面，要稳步推动高校扩能扩容，抓好宁夏高等研究院建设，积极推动宁夏职业技术学院、宁夏工商职业技术学院升格为大学，加快建设宁夏闽江应用技术学院、固原农林职业技术学院。

4. 深化教育领域综合改革

坚持教育公益性原则，稳妥推进中央和自治区明确的重大改革举措。推进教育评价改革，积极探索以行业为主的职业学校评估模式，推进高等教育分类评价，突出教师教学实绩评价，加快构建基于数据驱动的学生综合素质评价体系，完善各级各类学校立德树人落实机制，进一步健全引导教师潜心育人的评价制度和促进学生全面发展的评价办法。推进高考综合改革，制定发布普通高中学业水平选择性考试科目等级赋分等政策制度，及时修订普通高等学校招生考试报名条件等政策文件。巩固"双减"成效，完成"双减"3 年目标任务，提升义务教育阶段教学质量。深化学校思想政治理论课改革创新，大力推进习近平新时代中国特色社会主义思想进教材、进课堂、进头脑。同时，要办好继续教育、在线教育、老年教育、社区教育，加快推进学习型社会建设。

（二）突出就业优先导向，优化政策和服务，确保重点群体就业保持稳定

1. 完善就业政策支持体系

跟进落实党中央、国务院实施就业优先战略促进高质量充分就业政策，尽快出台宁夏配套文件，进一步完善和实施产业、财政、金融、投资等支持就业政策。扎实开展"技能宁夏"和"才聚宁夏 1134"行动，完善高技能人才培养、使用、评价、激励、保障机制，构建就业与产业相协同、劳动者培养与岗位需求相适应、公共就业服务与市场化人力资源服务相补充的高效对接体系，推动就业增长与经济发展互促共进。

2. 发挥市场主体吸纳就业重要作用

全面落实优化营商环境、激发市场主体活力政策措施，加大对就业容量大的民营企业、中小微企业和个体工商户的支持力度。深化"创业宁夏"行动，培育壮大市场主体，以创业创新创造更多就业岗位。持续深化省际劳务协作，统筹推进"宁字号"劳务品牌提档升级。

3. 做好重点群体就业工作

突出稳存量、扩增量、保重点，一方面拓宽市场化社会化就业渠道，实施稳岗支持和扩岗激励措施，加快"三支一扶"等基层项目招募，开展未就业毕业生服务攻坚、青年群体就业创业专项服务等行动，更大程度调动企业用人积极性；另一方面认真做好高校毕业生、农民工等重点群体就业服务，抓好农村劳动力、退役军人、残疾人、就业困难人员就业，进一步稳定政策性岗位规模，多渠道拓宽就业空间。

4. 提高职业技能培训质量

面向市场需求提升职业技能培训质量，推动整合培训资源、培训资金，开展面向企业职工、重点群体的专项培训和个性化培训。加强技工院校管理和支持力度，充分发挥职业院校"蓄水池"作用，举办各级各类职业技能大赛，扩大技术技能人才培养规模。

5. 加强就业服务能力建设

持续推进提升就业服务质量工程，加快就业信息化建设与应用，完善集招聘求职、技能培训、创业辅导等于一体的线上智能服务、线下自助服务体系。探索开展平台从业人员职业伤害保障试点，依法维护好劳动者权益。继续打造"10+N"公共就业服务品牌，推广"直播带岗"应用，打造"家门口"就业服务站，构建"15分钟就业服务圈"。建立健全形势监测、趋势研判、风险预警、即时响应风控体系，防范化解规模性失业风险。

（三）加快建设健康宁夏，提高医疗卫生供给质量，全方位、全周期维护和保障人民健康

1. 建强公共卫生服务体系

坚持预防为主，完善突发公共卫生事件监测预警、风险评估、流行病学调查、检验检测和应急处置机制，织牢公共卫生防护网。推进人工智能等新技术应用，增强重大传染病早期预警分析能力。健全多元化综合监管体系，重点加强服务要素准入、质量和安全、公共卫生、机构运行、从业人员、服务行为、医疗费用、行业秩序、互联网医院和健康产业监管，健全卫生健康行业行风建设体系和依法联合惩戒体系。保持公共卫生事业投入稳定，严格按区域卫生规划配置医疗卫生资源，健全分级、分层、分流的救治机制，提升传染病早发现早处置能力。

2. 提升医疗卫生服务能力

坚持基本医疗卫生事业公益属性，推动优质医疗资源集团化、品牌化发展，加快医共体医联体建设，集聚优势医疗资源打造国家区域医疗中心和全国百强医院。发挥区域医疗中心作用，推动城市优质医疗资源向县级医院延伸，加快县级医疗卫生基础设施提档升级，提升肿瘤、心脑血管疾病等重大疾病诊疗能力，提升常见病、多发病诊疗能力和急危重症应急处置能力，实现"一般病在市县解决"。实施好自治区人民医院国家中西医协同"旗舰"医院建设项目，推进自治区中医医院暨中医研究院国家中医疫病（宁夏）防治基地建设项目，加快实施国家中医特色重点医院建设项目，持续提升中医药康复服务能力。大力推进"互联网＋医疗健康"示范区建设，强化医防协同、医防融合机制，完善网格化的基层疾病预防控制网络。建立健全医疗卫生机构与养老机构业务协作和签约合作机制，探索完善基层医疗卫生机构"医护康养"一体化服务模式，推进形成资源共享、机制衔接、功能优化的老年人健康服务网络。

3. 深化医药卫生体制改革

深化医疗、医保、医药"三医"联动改革，着力解决群众看病难看病贵问题。健全常见病、多发病、慢性病等分级诊疗制度，推动优质医疗资源扩容下沉和均衡配置。健全现代医院管理制度，加强公立医院绩效考核，完善公立医院薪酬制度，加快形成维护公益性、调动积极性、保障可持续的运营模式。规范发展社会办医，鼓励社会力量举办高水平医疗机构。

（四）深入推进体制机制改革，提升科技支撑能力，积极营造服务高质量发展的良好创新生态

1. 深化科技管理体制改革

坚持"以需求定项目，以项目定资源"，聚焦"六新六特六优＋N"重点产业，完善产业科技创新需求常态征集、深度分析、有效凝练机制，建立重点产业技术预测预见机制，精准布局科技创新资源。完善激励机制和科技评价机制，健全前引导后支持、企业创新后补助、"揭榜挂帅"等激励制度，探索推进科研经费"包干制"改革。深化科技领域"放管服"改革，扩大高校、科研院所科研管理自主权，赋予科技人员更多的技术路线决定权和经费使用权。

2. 健全科技创新投入机制

坚持政府投入为主、社会多渠道投入的稳定投入机制，稳步提高全社会研发支出占生产总值比重。加大财政资金投入力度，扩大自治区自然科学基金规模，落实企业研发费用加计扣除、高新技术企业税收优惠等政策，健全完善企业创新地方税收减免等政策机制。积极引进天使投资、风投机构，健全创新投融资支持与服务体系，撬动金融资本和社会资本支持科技创新。鼓励引导重点民营企业发挥科研创新引领带动作用，加大国有企业和国有控股企业研发投入和科技创新绩效考核，支持创新型中小微企业成长为创新重要发源地。

3. 完善科技成果转化机制

坚持以企业需求和支撑产业发展为导向，鼓励企业围绕自治区产业转型升级和高质量发展，引进国内外先进科技成果在区内转化应用。大力支持企业到区外建设"飞地"研发中心，与区外各类创新主体跨区域组建创新联合体、科技创新团队，全职或柔性引进科技人才，推动科技创新和产业创新深度融合。加快建设六盘山、贺兰山实验室等重点创新平台，带动建设一批科技成果转移转化基地、成果中试熟化平台和专业化科技中介示范机构，鼓励有条件的市县、园区、行业协会建设"一站式"技术交易平台。深入实施科技特派员制度，提高县域科技创新整体水平。建好用好"宁夏东西部科技合作暨科技成果转化与人才交流平台"，为深化东西部科技合作搭建新桥梁。

（五）健全社会治理体系，用心用情兜牢底线，努力满足人民群众多样化多层次的保障需求

1. 健全社会保险体系

紧扣让人民群众"有保障，享安康"目标，推进社会保险制度改革。全面实施全民参保计划，健全养老、医疗、失业、工伤保险参保制度，开展新就业形态人员职业伤害保障试点，推进灵活就业人员、农民工、新就业形态人员等重点群体参保。完善基本养老保险和基本医疗保险筹资及合理调整机制，继续提高城乡居民基础养老金，协同推进基本医疗保险、大病保险、补充医疗保险、商业健康保险发展。坚持自愿、弹性的原则，采取渐进式的方式，稳步推进延迟法定退休年龄改革。

2. 健全社会救助体系

健全分层分类、城乡统筹的社会救助体系，探索构建"动态监测，需求评估，资源匹配，精准服务，监管有力"的服务类社会救助运行机制，推动社会救助向"物质＋服务"综合救助模式转变。研究出台刚性支出困难家庭认定办法，修订低保边缘家庭认定办法，建立健全低收入人口信息民政部门统一识别、分层管理、动态监测、因需推送等机制，为各部门落实各类帮扶支持政策提供依据。完善教育、医疗、就业等专项救助体系，推进政府购买社会救助服务。加快公办福利机构改革，推动修订《宁夏回族自治区慈善事业促进条例》，建立健全以助残济困为重点的社会福利制度，推动枢纽型、行业型慈善组织建设，大力发展社会福利、社会工作和公益慈善事业。

3. 健全养老托育体系

创新养老服务模式，发展普惠型养老服务和互助型养老，完善社区居家养老服务网络建设，推进居家适老化改造，构建居家社区机构相协调、医养康养相结合的养老服务体系。深化公办养老机构改革，开展普惠养老城企联动专项行动，扩大养老机构护理型床位供给，养老机构护理型床位占比提高到60%。开展"智慧助老"行动，切实解决老年人运用智能技术困难，构建养老孝老敬老社会环境。严格落实城镇小区配套幼儿园政策，积极发展多种形式的婴幼儿照护服务机构，鼓励幼儿园提供托幼一体化服务，推进婴幼儿照护服务专业化、规范化发展，提高保育保教质量和水平。

4. 健全住房保障体系

积极构建房地产发展新模式，推进相关基础性制度建设，鼓励引导企业建设更多安全、舒适、绿色、智慧的"好房子"。加大配租型和配售型保障性住房供给，切实解决好新市民、新青年等群体的住房困难，为新型城镇化推进提供住房保障。抢抓保障性住房再贷款和地方政府专项债收购存量商品房等政策机遇，全力推动收购存量商品房用作保障性住房工作落实。探索城中村改造新模式，采取拆除新建、改建（扩建、翻建）、原址重建、抗震加固等多种方式，加快推进城市 C 级和 D 级危房改造，消除危旧房安全隐患。

5. 健全社会关爱体系

推进实施《妇女发展规划纲要》，促进男女平等和妇女全面发展，保障妇女在就业、就学、婚姻、财产以及参与社会事务等方面的平等权利和机会。推进实施《儿童发展规划纲要》，抓好儿童友好型城市和友好社区建设，促进儿童优先发展，优化儿童发展环境。健全退役军人服务保障体系，积极推进退役军人移交接收、退役安置、优待抚恤、纪念褒扬工作。健全残疾人帮扶制度，帮助残疾人普遍参加基本医疗和基本养老保险，动态调整困难残疾人生活补贴和重度残疾人护理补贴标准，优先为残疾人提供职业技能培训机会，推进适龄残疾儿童和少年教育全覆盖。

6. 健全安全保障体系

当前，我们比历史上任何时候都更接近、更有信心和能力实现中华民族伟大复兴的目标。越是接近这一伟大目标，遇到的阻力和压力就越大，面临的重大风险和挑战也越多。各地各部门要牢固树立总体国家安全观，紧扣黄河流域生态保护和高质量发展先行区、铸牢中华民族共同体意识示范区建设任务，认真落实自治区党委十三届四次、五次、七次、八次、九次全会精神，压紧压实属地党委、政府主体责任和行业管理部门监管责任，聚力抓好经济金融、粮食生产、生态环保、安全生产、社会治安、民族宗教、意识形态等重点领域治理，健全完善制度规范和法治保障，常态化排查整治风险隐患，用高水平安全为高质量发展营造稳定有序的良好环境。

2025 年是"十四五"规划的收官之年，也是"十五五"规划编制的开局之年，宁夏要坚持以习近平新时代中国特色社会主义思想为指导，深入学习贯彻党的二十大及二十届二中、三中全会精神和习近平总书记考察宁夏重要讲话精神和重要指示批示精神，按照自治区第十三次党代会和自治区党委十三届七次、八次、九次全会安排部署，以铸牢中华民族共同体意识为主线，坚决破除体制机制弊端，统筹新型城镇化、新型工业化和乡村全面振兴，促进城乡要素自由流动、平等交换和公共资源合理配置，下大力气解决群众教育、就业、医疗、住房等难题，扎实抓好防风险、保安全、护稳定等各项工作，实现经济社会发展与民生改善的良性循环、高质量发展和高水平安全良性互动，进一步提升城乡居民的获得感、幸福感和安全感。

2024 年宁夏文化发展与展望

牛学智

2024 年宁夏宣传思想文化工作，在深入学习宣传贯彻党的二十大及二十届二中、三中全会和习近平总书记考察宁夏重要讲话精神中强化引领、守正创新，持续深入并切实担负新的文化使命，凝聚团结奋进力量。在全面系统学习阐释上，先后召开宁夏回族自治区党委常委会（扩大）会议、理论学习中心组学习会，举办全区领导干部专题研讨班、区管干部集中轮训班，自治区党委主要负责同志带头领学解读、研讨交流，示范带动广大党员干部在学习中深化认识、凝聚共识、统一行动。立项宁夏社科规划项目 180 项、宁夏新型智库课题 80 项，推动体系化研究、学理化阐释。在推动全面学习转化上，召开宁夏回族自治区党委十三届八次、九次全会，审议通过《中共宁夏回族自治区委员会关于深入学习贯彻习近平总书记在听取自治区党委和政府工作汇报时的重要讲话精神，加快建设美丽新宁夏、奋力谱写中国式现代化宁夏篇章的意见》《中共宁夏回族自治区委员会关于贯彻落实党的二十届三中全会精神，进一步全面深化改革、奋力谱写中国式现代化宁夏篇章的意见》，统一思想、统一意志、统一行动。在全面深入宣传教育方面，精心组织省级领导同志带头宣讲、区市县三级宣讲团集中宣讲等活动，开设"牢记嘱托勇担使命奋力谱写中国式现代化宁夏篇章"等专题专栏，持续推出"习近平总书记和宁夏的故事"系列报道，依托新媒体、微传播等开展多层次立体化全景式宣传，把习近平总书记深情厚爱"传"入千

作者简介　牛学智，宁夏社会科学院文化研究所所长，研究员。

家万户、"播"进脑海心田。

以下重点就党的创新理论学习、精神文明建设、公共文化事业、群众性文化活动、文旅融合发展、文学艺术、黄河文化等方面取得的一系列具体成就和经验做法，作简要总结。

一、宁夏文化建设发展显著成就

深入实施习近平新时代中国特色社会主义思想凝心铸魂工程，引导广大干部群众坚定拥护"两个确立"、坚决做到"两个维护"，不断推动党的创新理论深入人心、落地生根。

（一）高举思想旗帜，坚持以文立心、凝心铸魂，持续推动党的创新理论武装走得更深更实

1. 理论学习扎实推进，理论武装走深走实

自治区党委严格落实《中国共产党党委（党组）理论学习中心组学习规则》，通过举办理论学习中心组学习和专题研讨的方式，全面落实"第一议题"制度，创新建立区直部门主要负责同志导学解读党中央部署制度，每周举办 1 期"理论大讲堂"，分领域对各级领导干部进行培训，推进学思用贯通、知信行统一。

在以习近平总书记重要讲话、文章、著作为重点教材的理论武装体系，聚焦用党的创新理论武装党员、教育人民这个首要政治任务的基础上，宁夏五市创新各自的亮点，其经验值得总结。银川市分专题分阶段制定《党的二十届三中全会精神学习宣传工作方案》《习近平总书记考察宁夏重要讲话重要指示精神学习宣传方案》，通过广泛深入的理论学习教育，广大党员干部群众团结奋斗的共同思想基础更加牢固，听党话、感党恩、跟党走的信念信心更加坚定。石嘴山市提出"理响石嘴山"的宣传品牌，创新实施"3445"学习机制，理论学习质效全面提升，党心民心得到极大凝聚。吴忠市创新实施"手拉手"送宣讲下基层，理论学习中心组学习"1234"工作法经验在《共产党人》杂志刊登。固原市在市属媒体统一开设"牢记嘱托勇担使命奋力谱写中国式现代化固原篇章"专题专栏，掀起学习热潮，"六盘山大讲堂"成为亮点项目。中卫市在坚持理论学习"第一议题"制度外，市级领导干部还领学带学导学，示范带动各

级党委（党组）开展"党课开讲啦""千场党课下基层"等活动，理论学习质效全面提升。

2. 理论宣讲生动鲜活，宣传宣讲广泛深入

宁夏创新开展沿黄省区"理论宣讲走亲"活动，培育"塞上新语"等网上宣讲品牌，开展分众化对象化互动化宣讲5000余场次，受众40余万人次。深化党的创新理论"七进"工作，推动"学习强国"地市级学习平台全覆盖，畅通理论结合实际传播"最后一公里"。

在此基础上，宁夏五市还创新宣讲模式，推动党的创新理论入脑入心。银川市以基层理论宣讲大篷车为载体，通过"点单式"集中宣讲、"派单式"巡回宣讲等形式，深入机关、企业、社区等开展各类专题宣传宣讲4300余场次，涌现出了金凤区北京中路街道安居苑社区"罐罐茶"宣讲吧、贺兰县"码"上宣讲等一系列特色做法。石嘴山市深化拓展"1+9+N"理论宣讲矩阵作用，实施"四级联动联讲"方式，打造"楼栋微课堂"等基层理论宣讲品牌40余个，不断推动党的创新理论"深入干部心""飞入百姓家"。吴忠市以"强信心"为主题扎实开展正面宣传，聚焦第四届早茶美食文化节、黄河金岸马拉松赛等重大活动，在抖音、快手、微信视频号等发布大量相关短视频，对助力早茶节起到了重要作用，实现了理论宣讲与经济增长双赢。固原市两堂"行走的思政课"打出了自己的特色，一堂是固原二中师生连续29年"徒步百里祭英烈"，走出课堂、走进历史；另一堂是举行"重走长征路·翻越六盘山"庆祝中华人民共和国成立75周年暨"行走的思政课"徒步实践活动，在"沉浸式学习"中深刻领悟长征精神，在"行走的思政课"中汲取永不懈怠的奋进力量，用红色资源砥砺品格、铸魂育人。中卫市在B站、抖音等社交平台投放"青春漠漠搭"系列短片持续"种草"，情绪值拉满的"好'搭子'懂你的人生百味""好'搭子'和你一起'开摆''摸愉'"一度成为"热词"，录制《小撒喊你玩"中国魔方"》公益视频，播放量超100万次，全网发布"青春漠漠搭"相关内容2.7万余条，话题曝光量超30亿次，中卫市文旅总曝光量超160亿次。

3. 马克思主义理论深入实践，研究阐释影响力不断扩大

宁夏在抓好马克思主义理论研究和建设工程上，取得了重大成绩，积累了丰富经验。围绕重大课题开展专项研究，33项课题入选国家社科基金项目。宁

夏大学马克思主义学院入选全国重点马克思主义学院培育单位。成立习近平文化思想研究专班，召开理论研讨会，推出习近平文化思想在宁夏生动实践系列理论阐释文章，完成 16 部扶贫志编纂任务。

银川市围绕打造"国际旅游目的地"确定智库课题立项 4 项，编纂出版《中国国家人文地理·银川》分卷，生动展示"塞上湖城大美银川"新形象。石嘴山市组织开展第六批、第七批新型智库课题申报工作，申报立项宁夏新型智库课题 7 项，石嘴山市委宣传部被《党建》杂志社授予 2024 年度《党建》《学习活页文选》学刊用刊工作先进集体。吴忠市"吴忠有忠"理论宣讲奏响新时代"最强音"并入选《中国政研会 2024 年度基层思想政治工作优秀案例名单》，《中国国家人文地理·吴忠》正式出版发行。固原市出版发行《中国国家人文地理·固原》，系统性推动理论学习，常态化抓实"十百千万"主题宣讲，围绕铸牢中华民族共同体意识、移风易俗等主题，通过主题宣讲团、"青年宣讲团"等宣讲队伍，深入社区村组、企业车间一线开展理论宣讲，不断将党的创新理论送到群众心坎里。中卫市打造"云宣讲""黄河之声""一刻钟宣讲""有声驿站""红色电波"等多个线上线下理论宣讲品牌，新命名宁夏回族自治区社科普及教育基地 2 家，获批宁夏回族自治区优秀社科普及活动 3 个，荣获"第三届各省区市社科普及基地讲解员大赛优秀组织奖"。

（二）舆论引导有力有效，主题宣传浓墨重彩，主流舆论巩固壮大，对外宣传有声有色，进一步坚定推动高质量发展的信心决心

1. 凝聚奋进力量，正面宣传增强信心

2024 年宁夏在舆论引导、主题宣传、主流舆论和对外宣传上，以奋力谱写中国式现代化宁夏篇章为重点，着力突出正面宣传增强信心工作。实施巩固壮大奋进新时代主流思想舆论工程，大力营造谱写中国式现代化宁夏篇章的良好舆论氛围。组织开展"新思想引领新征程""锚定现代化改革再深化""奋进强国路阔步新征程"等重大主题宣传，策划开展全面完成全年发展目标"百日攻坚战"等主题报道，《塞上江南写新篇》《宁夏探索创新驱动发展新路》等一批报道反响热烈。在北京举办"推动高质量发展"宁夏专场新闻发布会，组织"开新局谱新篇"等新闻发布会，有力提振发展信心、增强社会预期。

银川市把握大势、聚焦中心，坚持团结稳定鼓劲正面宣传为主，不断强信心、聚民心、暖人心、筑同心。在中央媒体刊播宣传银川稿件 2262 篇次、自治区媒体刊播 2102 篇次，进一步提升银川知名度、美誉度、影响力。石嘴山市以"百日攻坚战"为契机，借《人民日报》、中央电视台、《宁夏日报》等主流媒体精心策划主题，与石嘴山市各媒体开设"奋力实现全年发展目标百日攻坚战""吹响百日攻坚冲锋号"专栏相结合，深度展现石嘴山市经济总体保持稳中有进、稳中向好的良好态势。吴忠市开展"高质量发展调研行"等主题采访活动，在中央、自治区主流新闻媒体推出各类报道 2820 篇（条），以切实助力早茶节实现消费额的大幅度提升而深受广大市民欢迎。固原市开展"高质量赶超式发展固原行"等主题采访，开展"找回自信重塑辉煌奋力建设'两个市'"主题报道，充分反映了固原市高质量发展、高水平安全、高颜值生态、高品质民生、高共情团结的实践成效。中卫市策划开展"铸牢共同体中华一家亲"主题宣传、"探访星星的故乡"——海峡两岸记者联合采访等活动，利用央视《正大综艺》《宗师列传·大唐诗人传》、浙江卫视《手艺人大会》等 18 档综艺节目 22 期报道，通过"中卫故事"提振精神。

2. 融媒体平台迭代升级，国际传播效能不断提升

2024 年宁夏完成融媒体平台迭代升级，推动区、市、县融媒体技术平台一体化发展，内容生产水平整体提升，传播力、影响力进一步增强。举办"中德合作周"，做好"机遇宁夏"主题宣传，实施"云秀宁夏"海外宣传推广项目，依托中国—中亚合作论坛、中国（宁夏）国际葡萄酒文化旅游博览会等平台开展对外传播，电视剧《山海情》在秘鲁等拉美国家播出。

银川市精心策划"高质量发展看银川"生态强市媒体行等系列宣传报道，集中宣介银川加快"生态强市"建设的亮点成就，还与济南市联合直播《"双城记"：文物"活"起来，文旅"融"起来》节目，与黄河"几字弯"五省（区）十六城联制联播《"黄河流域生态保护和高质量发展"主题沿黄九省区省会（首府）媒体联动接力大直播》。石嘴山市盐碱地综合治理卓有成效，相关报道引发全社会广泛热议，中央、自治区级主流媒体刊发稿件 60 余篇。吴忠市合理利用市级融媒体中心试点中央补助资金，推动市县两级融媒体中心提质增效，有力利用抖音、快手、微信视频号等正面宣传舌尖上的吴忠，全市新媒体平台受众突破 200 万，整体形象在自治区内外得到了大幅度、高质量提升。固原市

成立六盘韵文化传媒有限公司，健全"新闻＋政务＋商务""媒体＋产业＋企业"运营模式，不断完善产业链条、优化产品供给、增强造血功能，推动业务从新闻宣传向公共服务领域拓展，实现社会效益和经济效益双丰收。固原市还抓住2024年全国"四季村晚"示范活动，在原州区薛庄村、西吉县毛沟村、泾源县米岗村举办全国春夏季"村晚"，向外界展示宜居宜业和美乡村、群众增收致富生动场景。中卫市完善市、县（区）融媒体中心管理机制，正面宣传主导媒体发布平台，围绕"五个示范市"建设、黄河"几字弯"攻坚战、"青春漠漠搭"沙漠营地文化旅游消费季等，推出了一批有深度、有力度、有态度的报道，黄河"几字弯"、沙漠文旅等特色亮点在央媒海外平台广泛推送。

（三）突出价值引领、聚焦立德树人，厚植理想信念，培育文明润心铸魂教育深入人心

2024年，宁夏持续培育和践行社会主义核心价值观，深入实施文明素养提升行动，团结奋斗的价值引领力和精神感召力有力增强。

1. 系列庆祝活动隆重热烈，理想信念教育深入人心

精心组织缅怀革命先烈、"同升一面旗同唱一首歌"升国旗仪式等庆祝中华人民共和国成立75周年系列活动，深化"强国复兴有我"群众性主题宣传教育活动，革命歌曲"快闪"、农民嗨歌会、"青春告白祖国"、"我与国旗合个影"等活动影响广泛，广大干部群众爱国之情和报国之志充分激发。

银川市开展2024年"开学第一课"暨"行走的思政课"，举办红色故事讲解员大赛及成果展演，常态化开展"我们的节日""清明祭英烈"等主题活动1.5万场次，厚植爱党爱国爱社会主义的情感。石嘴山市以典型引领，推进新时代公民道德建设，结合"抵制高价彩礼·拒绝人情攀比"主题宣讲活动，邀请白琴、李红梅、王富国、周淑琴、许安平、王志厚、王学锋等道德模范和典型示范开展抵制高价彩礼、家风故事等宣讲活动30余场次，引导广大群众倡导移风易俗。吴忠市深化"讲文明、树新风，争做文明有礼吴忠人"主题实践活动，推动"吴忠文明大讲堂"、社区"邻居节"等活动常态化，突出"我们的节日·精神的家园"主题，连续10年举办"网上祭英烈"、连续5年举办清明诗会，推进传统节日振兴。固原市打造文明固原"抖音号""视频号""快手号""微信号"等网上社会主义核心价值观传播矩阵，刊发稿件800余条，

让社会主义核心价值观入脑入心。中卫市依托文化馆、博物馆、图书馆、新时代文明实践中心（所、站）、公园广场等公共文化设施和宣传文化阵地，持续开展"千名文艺志愿者进基层""黄河雅集"等主题实践活动，在全社会推动形成爱国爱家、相亲相爱、向上向善、共建共享的社会主义家庭文明新风尚。

2. 先进典型选树培育有力，共有精神家园持续构筑

深化"五史"宣传教育，深入开展"牢记总书记嘱托、铸牢中华民族共同体意识"主题教育，宁夏、福建、新疆32.6万名师生同上铸牢中华民族共同体意识"开学第一课"。集中开展"铸牢共同体中华一家亲"主题采访，着力讲好"山海情""石榴籽""宁夏妈妈"等民族团结进步故事。创拍系列专题片《从于都到将台堡》，创排革命题材话剧《千秋景岳》，并在区内外巡演。

银川市1人入选2024年全国"新时代好少年"，5人推荐为第九届全国道德模范候选人，4人入选2024年度全区"新时代好少年"，入选人数达历年之最。开展先进典型学习宣传活动600余场次，创新推出《德耀银川礼赞模范》专题节目10期，崇德向善、见贤思齐的社会氛围愈加浓厚。石嘴山市结合"我们的节日"主题活动，利用春节、端午、七夕、中秋等传统节日，在各新时代文明实践中心（所、站）广泛开展"赏年画过大年"、"百乡千村万户"行动、文艺助力基层精神文明建设行动等主题文明实践志愿服务活动8500余场次，协调指导三县区新时代文明实践中心优化提升，平罗县、惠农区等新时代文明实践中心已实体化运行、规范发展，达到了凝聚群众、引导群众、以文化人、成风化俗的成效。吴忠市持续办好"道德模范与身边好人""平凡的人、平凡的事""推动移风易俗、建设文明乡风""深化文明创建、弘扬时代新风"等媒体专栏，文明先进典型网络推介，广泛报道创建之举和惠民之效，挖掘日常生活中的感人事迹和温暖瞬间，营造广大干部群众关心、理解、参与、支持精神文明建设的良好氛围。固原市组织开展道德模范、"中国好人"等先进典型学习宣传活动，推荐"宁夏好人"2人、自治区"新时代好少年"4人、全国"最美家庭"3户、全国"五好家庭"2户，4人荣登"中国好人榜"，"德润六盘"社会氛围日趋浓厚。开展"家和万事兴"等教育讲座228场次，培训1.1万余人，线上线下集中展示文明家庭家风故事和优秀家风文化作品。中卫市持续开展道德模范、身边好人等先进模范学习宣传活动，1人获第九批全国岗位学雷锋标

兵荣誉称号、1人荣登"中国好人榜"、1人获宁夏"新时代好少年"荣誉称号。运用宣讲报告、采访报道、媒体访谈、活动特邀等形式广泛宣传道德模范、身边好人、文明家庭、最美人物等先进事迹，全面开展对历届历年获评国家和自治区级道德领域模范的核查工作，确保道德典型立得住、叫得响、传得开。

3. 思想道德建设不断加强，未成年人思想道德建设有声有色

持续深化"德耀宁夏"品牌建设，创新实施未成年人思想道德建设"春苗工程"，3人荣登"中国好人榜"，1个单位、2名个人获全国学雷锋活动示范点和岗位学雷锋标兵荣誉称号，1人获2024年度全国"新时代好少年"荣誉称号。

银川市打造《童心向党　健康成长》品牌节目，已制作播出10期，累计播放量210万余次。广泛组织开展"扣好人生第一粒扣子"主题实践活动1400余场次。策划开展"七彩假期助梦成长"活动，开设公益"暑托班"1800个，服务未成年人4.5万余人。石嘴山市联合市教体局等五部门开展"新时代好少年"学习宣传活动，解文骁、芦籽仪2名同学获自治区"新时代好少年"荣誉称号。开展"童声里的中国"全国少年儿童合唱活动，征集原创少年儿童合唱曲目8部，在"文明石嘴山"微信公众号上开展展演3期。吴忠市组织开展第九届全国道德模范评选活动，1人入选全国道德模范候选名单，礼遇帮扶道德领域先进典型160人。广泛开展"新时代好少年"学习宣传活动，1人入选全国及自治区"新时代好少年"候选名单，发掘培育市级"新时代好少年"候选人30人。固原市利用各类爱国主义教育基地、民族团结教育基地、科普教育基地、国防教育基地、青少年课外活动基地开展"学文明条例做文明市民"等系列活动，让群众在互动式、沉浸式体验中，提升文明素养。中卫市开展"全民国防教育月"系列活动，依托"文明中卫"微信公众号开展"国防理论知多少""国防法规知多少""国防科技知多少""国防历史知多少"等专题宣传，广泛开展"国防万映"公益展映、"进军营·悟军魂——军营开放日"、"红色之旅"研学、"百场国防形势报告"、老兵宣讲以及中小学"爱我国防"主题"开学第一课"、团队日、书法、绘画等活动170余场次，不断增强全民国防意识和国防素养，中宁县第十小学被认定为全国国防教育示范学校。

（四）突出改革创新，文化质量稳步提升，文化事业、文化产业繁荣发展

1.深挖地域文化精髓，文艺创作成果显著

创拍电视剧《星星的故乡》在央视综合频道黄金档首播，京剧《红高粱》、广播剧《遇见良渚》、歌曲《我引绿洲接长路》、图书《阿娜河畔》4部作品荣获第十七届精神文明建设"五个一工程"优秀作品奖，宁夏回族自治区党委宣传部荣获组织工作奖，宁夏作家阿舍、柳客行荣获第十三届全国少数民族文学创作骏马奖，电视剧《我们这十年》获中国电视剧飞天奖，电影《六谷儿》《人民万岁》分别入围2024年乡村振兴主题电影和第三届华语纪录电影大会推荐作品名单。中国作家"深入生活、扎根人民"新时代文学实践点落户宁夏西吉，擦亮"中国文学之乡"品牌。

银川市赵磊的网络小说《铁骨铮铮》获第五届茅盾文学新人奖网络文学奖（提名奖）；潘志辉书法作品《隶书条幅》入选全国第十三届书法篆刻展；范彦奎、关宁国、徐晓玲、许金平书法作品入选全国书法作品优秀作品展览；陆文军的国画作品《大漠霞光起》、朱彪的国画作品《筑梦欢歌》、张军绒的国画作品《辉煌之路》等10余幅作品入选全国第十四届美术作品展；银川艺术剧院杂技团《百鸟朝凤》荣获第十五届国际青年马戏节特别大奖"青年之星奖"。此外，银川市还组织开展"保护文化古迹彰显中华文明"西夏陵摄影、书法、美术、文学作品征集活动，共征集作品700部，展出400部。石嘴山市举办"城市记忆与文学承载"第三届宁夏文学周暨宁夏城市文学活动，吸引了来自福建、山东、江苏等地的200余名作家、文艺工作者参与，引起区内外文艺界的广泛关注和社会强烈反响。编印城市文学系列丛书（画册），以红色文化、黄河文化、工业文化"三种文化"为主线，推出城市形象文化画册《传承里的石嘴山》，挖掘和拓展具有石嘴山地标和地域特点的文化。打造城市文学创作基地，设立首个"宁夏'城市文学工矿文艺'创作基地"、首个"城市文学学会"，舞蹈《黄河颂歌》、歌曲《塞上石嘴山》、电影《绿皮小火车》等一批优秀作品先后在国家、自治区各类赛事活动中获奖。吴忠市创作《王贵与李香香》等20部具有吴忠特色的优秀文艺作品，小戏曲《红军刀》《看病》，舞蹈《盐州胡旋》入选自治区舞台艺术精品创作扶持工程，群舞《花儿朵朵心向党》、小品《相约敬老院》荣获全区"欢乐宁夏"新编创作优秀剧目展演群众文艺会演一等奖，首演国家艺术基金资助作品原创秦腔现代戏《攒劲女人》。固原市举办"天高云淡六盘山·四色辉映新固原"庆祝中华人民共和国成立75周年中国油画名家走进固原大型写生活动，42位著名艺术家走进固原，立足"四色"资源，深入须弥山、火石寨等地写生，围绕红旗漫卷、六盘山河、丝路随想、在地芳华主题创作作品193幅，以新时代的艺术语言描绘固原风采、展现固原之美，以文艺创作赋能农文旅融合"出圈出彩"。举办2024年中国西部民歌展演系列活动，来自福建、云南、重庆等省区市和新疆生产建设兵团的民歌艺术家，唱响生活之歌、劳动之歌、民族之歌、时代之歌，奏响了各民族交往交流交融的时代强音；成立固原市诗词学会，建立西海固文学作家作品库，5名固原市作协会员新晋中国作协会员，马金莲的长篇小说《亲爱的人们》出版发行，并获第二届"高晓声文学奖"。中卫市推出电影《六谷儿》、系列纪录片《古韵中卫》、MV《最有"卫"道的元宵节》等文艺作品，开展"黄河手造"非遗市集、"大河之美"美术作品展、农民艺术家风采展等文艺活动，创作《二十四节气》《中卫故事说》《主播说中卫》等黄河文化主题融媒体产品，从文史遗存、非遗技艺、民间故事、民俗文化等多角度讲好"黄河文化"故事，增强各族群众对伟大祖国、中华民族、中华文化、中国共产党、中国特色社会主义的认同。

2. 公共文化服务体系建设更加给力，文化服务更加健全

加快推进长城、长征、黄河国家文化公园建设，开展"文化大篷车"下基层、"与时代同行、与人民同心"文艺巡礼、塞上书香节等各类群众文化活动2万余场次，农村电影公益放映4万场，打造文化驿站、城市书房、城市阅读岛等新型公共文化空间100个，6家县级图书馆入选全国基层公共阅读服务推广项目，银川市三联书店获评全国"年度最美书店"。

银川市"塞上湖城 大美银川"——数字文化惠民会客厅建成开放，围绕黄河文化（银川）生态保护区建设，完成《黄河文化（银川）生态保护区特色文化形态提炼研究报告》，新建、提升67个新型文化空间，超额完成文化惠民"润心实事"建设目标。银川市图书馆推进4个新馆特色空间建设，更换配送85个城市阅读岛和106个图书流通服务点图书近8万册，"共享读书乐"未成年人阅读推广志愿服务等项目获得自治区级3项荣誉。举办新春文化大集、秦腔艺术节、一元剧场、社火大赛、百姓大舞台、广场舞大赛、群众合唱比赛、

少儿美术书法作品展、宁夏首届城市文化节、"国庆七天乐"等文化演出活动56项876场次。"四送六进"菜单式、订单式服务完成"军民团结一家亲"庆"八一"系列文艺演出11场，"湖城有戏一元剧场"文化惠民服务季演出100场次，"百姓大舞台有你更精彩"惠民文艺演出100场，"梅花秦韵·绽放湖城"银川市第九届秦腔艺术节演出20场，第二十一届"湖城之夏·广场文化季"演出771场，送戏下乡演出751场。舞蹈诗《山河人家》、儿童杂技剧《山海经之神兽传奇》荣获各级奖项9项；《水之灵韵》参加第十二届全国杂技展演，荣获优秀剧目称号；舞剧《不到长城非好汉》入选2024国家艺术基金传播交流推广项目；杂技《巍巍贺兰·峭壁精灵》入选2024国家艺术基金小型剧（节）目和作品创作项目；银川市文化馆创作歌曲《梦想启航的地方》荣获"全国文化馆年度主题歌创作征集"优秀作品；荣获2024"绘未来"第十届全区少儿绘画书法大赛优秀组织奖、2024第十届迎新春全区群众书法绘画摄影大赛优秀组织奖。

石嘴山市改版升级"文艺石嘴山"微信公众号平台，创新推出"时光印记·工业之城""光影石嘴山""诗与远方""笔触初开"等栏目，在《石嘴山日报》《贺兰山》等报刊，增设"城市瞭望角""城市记忆"等专栏，刊登优秀作品220余篇。推出"走进石嘴山"大型历史文化讲述栏目，发布"名家谈石嘴山"栏目28期。推进群众性文化惠民工程方面，印发2024年度全市"送戏下乡"惠民文艺演出、广场文化艺术节、"我们的节日"、"文化进万家"等文化活动方案，完成"送戏下乡"惠民文艺演出、广场文化艺术节演出、"文化大篷车"下基层等活动上千场次，举办"庆祝新中国成立75周年"第十四届全国美展石嘴山巡展、"水韵石嘴山"石嘴山市首届水彩画作品展等各类精品展，集中展示了全市文艺工作者创作的优秀文艺作品，树立以人民为中心的鲜明创作导向。

吴忠市组织开展文化惠民"十百千"工程，举办春节联欢晚会、文化和自然遗产日等大型文化活动20余场次，开展惠民文艺演出600余场、群众性文化活动900场次，服务群众150余万人次。吴忠市在"欢乐宁夏"全区群众文艺会演荣获奖项28个，奖补资金和获奖数量位列全区第一。

固原市共开展送戏下乡212场次、戏曲进乡村366场次、广场文艺演出等群众文化活动476场次。舞台艺术秦腔《杨门女将》和小戏曲《退彩礼》获得自治区资金支持。其中，"诗歌里的春天"、2024 宁夏固原六盘山花儿（民歌）歌会、"大地欢歌"群众文艺汇演暨红色文化旅游节等文艺演出为系列特色文化活动品牌。2 个村成功入选全国春季和夏季"村晚"示范展示点名单，10 个村入选自治区级"四季村晚"示范展示点，全年开展"四季村晚"活动 12 场次。

中卫市打造"新型公共文化空间"17 个，举办春官喊来幸福年、寻脉端午怀抱家国、国韵中秋击鼓纳祥等"黄河雅集"主题实践活动以及"品读书香中卫·阅聚奋进力量"全民阅读、"歌唱祖国"大家唱群众歌咏等系列文化活动。中卫市抓住"沙漠会客厅"核心 IP 打造、价值赋予、场景搭建三大要素，依托大漠、黄河、星空等独特资源，强化在地景观设计感，打造专属活动契合性，推出星空研学、动感体验、沙漠瑜伽、星野摄影教学等"追星逐梦之旅"特色活动，以"青春漠漠搭"沙漠营地文化旅游消费季为牵引，持续举办大漠黄河国际文化旅游节、全国大漠健身运动会、金蛙国际艺术节、大漠星空音乐会等活动，打响了"青春漠漠搭"地域品牌。大漠黄河旅游度假区入选国家级旅游度假区，沙坡头景区入选国家文化产业示范基地、国家级旅游度假区，中卫市被授予"中国民宿品牌发展先行示范区"荣誉称号。

3. 深入开展文化遗产传承保护，文物工作释放新活力

创新开展省级统筹国有博物馆馆藏文物定级工作，西夏博物馆获评国家一级博物馆。实施文物保护利用项目 23 个，完成第四次全国文物普查阶段性工作，南华山油坊院旧石器遗址考古发掘取得重要进展，西夏陵申遗完成国际专家现场评估。

银川市对辖区 220 处古遗址、26 处古墓葬进行排查，开展兴庆区涉明长城"两线"范围违法问题整治和强降雨文物受损排查，开展文物行业消防安全集中除患攻坚大整治专项行动、文物消防安全隐患排查整治工作、文物行业安全生产治本攻坚三年行动。举办非遗创新设计大赛、贺兰砚－端砚巡展、非遗贺新春、非遗主题研学体验、文化和自然遗产日非遗宣传展示展演、宁夏小曲赶大集等系列宣传展示活动共计 17 项 90 余场次，服务群众上百万人次。组织传承人、非遗工作者参加全区"沿着黄河讲非遗"2024 年宁夏非遗巡讲活动，获一等奖；组织传承人参加宁夏黄河流域非遗作品创意大赛，获得"时尚创新奖"和"转化推广奖"；组织传承人参加"礼赞新中国·剪绘新时代"2024 年全区

剪纸作品交流互鉴活动，"金剪刀"奖1人、"银剪刀"奖5人、"铜剪刀"奖2人。石嘴山市探索更多"文化+"模式，组团参加第二十届中国（深圳）国际文化产业博览交易会宁夏馆展示活动，举办石嘴山市专场文旅形象宣传推介会、石嘴山市岩画巡展、非遗文创产品展示会。青柚互娱（宁夏）文化传媒有限公司、宁夏道森文化传媒有限公司、宁夏稻艺编制有限公司3个项目，入选2024年自治区文化产业发展专项资金项目。吴忠市在第四次全国文物普查工作中，复查不可移动文物594处，复查率56.3%。喜牛舞等15项非遗项目入选自治区级非遗代表性项目名录，吴忠二毛皮制作技艺等40名非遗传承人列入市级非遗代表性传承人名录，强海峰等11位非遗传承人荣获自治区首批乡村工匠名师称号，陈塑荣获全国非物质文化遗产保护工作先进个人称号，盐池县"多彩活动乐享假期"迎端午佳节活动登上央视。吴忠市依托吴忠早茶美食文化节、宁夏黄河金岸（吴忠）马拉松等文旅体活动开展宣传推介100余场次，非遗传承与地方经济实现融合发展。固原市开展"文化和自然遗产日"系列宣传展示活动，组织非遗传承人参加文创作品恳谈会宣传展示成都、长沙推介会，全区非遗产品创意大赛，全区剪纸作品交流互鉴活动；组织举办花儿培训班和花儿原创作品研讨会，完成固原市非遗展厅建设并免费开放。中卫市持续推进大麦地、古建彩绘等文化遗产及黄河古瓷、滩羊地毯等非遗技艺创造性转化，实施大麦地岩画照壁山铜矿保护利用项目，"黄河印象"文创品牌亮相第二十届深圳文博会、2024国际版权论坛，黄河黑山峡IP活化打造等3个项目获自治区文化产业项目资金支持，"黄河古瓷研发团队"入选自治区文化艺术创新团队，中卫市博物馆获评国家二级博物馆，1家企业与1名个人分别获评全国非遗保护先进集体、个人，中卫市滩羊地毯有限公司入选国家级非物质文化遗产生产性保护示范基地推荐名单，建筑彩绘及蒿子面技艺传承人入选第六批国家级非物质文化遗产代表性传承人。

4. 持续深化文旅融合发展，文旅产业释放新动能

实施重大文化产业项目带动和文化数字化战略，7家企业入选国家文化产业示范基地，中国广电宁夏中卫数据中心一期建成运营；青铜峡黄河大峡谷旅游区获评国家5A级旅游景区，中卫大漠黄河（沙坡头）旅游度假区获评国家级旅游度假区，3家街区获评第三批国家级夜间文化和旅游消费集聚区，2家

自驾车旅居营地获评全国 4C 级营地，宁夏入选全国旅游市场服务质量评价体系建设试点省。

银川市在加快推进国际旅游目的地建设上成果显著，成功创建自治区级全域旅游示范区 1 个（永宁县），国家 4A 级旅游景区 1 家（华夏河图银川艺术小镇）、3A 级旅游景区 1 家（银川文化城凤凰幻城），自治区级旅游休闲街区 1 条（银川文化城凤凰幻城旅游休闲街区），全国 4C 级自驾车旅居营地 2 个（宁夏薰衣草庄园自驾车营地、宁夏灵河房车露营基地），自治区 3C 级自驾旅居车营地 4 个（宁夏薰衣草庄园自驾车营地、宁夏灵河房车露营基地、昊宫连锁营地、李家大院自驾车露营地）。志辉源石酒庄、贺兰山国家森林公园入选首批中国"避暑消夏好去处"名录，升级完成"一部手机游银川"银川智慧导览地图。文化产业多元发展初具规模，宁夏漫葡小镇旅游开发有限公司、宁夏农垦玉泉国际葡萄酒庄有限公司、宁夏智慧宫文化传媒有限公司被评为国家级文化产业示范基地。

石嘴山市深度挖掘石炭井中国现实主义题材影视拍摄基地资源，在加强石炭井文旅影视小镇保护利用中作出了有益探索。其主打的红色文化、黄河文化、工业文化三张牌，也初步显示出了高质量融合发展的端倪，其中创作的舞蹈《黄河颂歌》、歌曲《塞上石嘴山》、电影《绿皮小火车》等一批优秀作品，先后在国家、自治区各类赛事活动中获奖，这意味着三张牌的牌子已经开始叫响。

吴忠市为进一步激活文旅消费需求，举办 2024 吴忠黄河金岸文化旅游节暨"5·19 中国旅游日"系列活动，主题"畅游吴忠·幸福生活"突出，以线上宣传为主，重点开展吴忠籍明星"我为家乡——黄河明珠美丽吴忠"代言、"黄河岸边好去处"文旅局长邀您逛吴忠、"巷子里的早茶西施"IP 人物出圈、"寻味西北发现吴忠"主播达人吴忠行等 4 项"线上 + 线下"宣传活动，全面提升了"黄河明珠·美丽吴忠"城市形象。同时，通过"游在宁夏·吃在吴忠"的文旅品牌影响力，对文化效益、社会效益和经济效益的高质量融合，探索出了一条可行路径。

2024 年，固原市文旅融合的一个典型例子便是姚磨村以"旅游 + 冷凉蔬菜"的模式成功助力乡村振兴。姚磨村依托独特的地理位置和气候优势，大力发展冷凉蔬菜产业，并与乡村旅游紧密结合。游客不仅可以参观蔬菜种植基地，了解蔬菜的生长过程，还能亲自参与采摘等互动活动，享受乡村田园的乐趣。同时，姚磨村还积极探索联农带农机制，让农民通过土地流转获得"租金"，在基地务工获得"薪金"，企业还将基地每亩净收入的20%留给村集体股份合作社获得"红利"，使农民附着在"旅游+蔬菜产业"全产业链上增收致富。这一模式不仅促进了当地经济的发展，也为乡村旅游注入了新的活力，成了固原市文旅融合的一个成功典范。

中卫市文旅融合的一个典型例子是"金蛙国际艺术节"，该艺术节以"文旅+美育+游学"的创新模式，吸引了来自全国各地的近20万名选手参与。艺术节期间，不仅举办了大型交响音乐会、国际钢琴大赛、国际美术大赛等丰富多彩的艺术活动，还创新打造了"金蛙穿越之旅"研学旅游产品，联动中卫市6家A级旅游景区，为参赛家庭提供了多种文旅优惠套餐。这一活动不仅促进了中卫市文化艺术的发展，还通过文旅融合的方式，推动了当地旅游业的繁荣，擦亮了"星星故乡、沙漠水城"这块金字招牌，让更多人了解和喜爱上了中卫市的自然风光和人文魅力。

（五）彰显时代价值，黄河文化保护传承有序进行，黄河国家文化公园高质量建设进一步完善

1. 黄河文化时代价值内涵挖掘成效初显，遗产保护日趋加强

一是政策制度日益健全，理清资源，基础扎实。先后颁布《宁夏回族自治区建设黄河流域生态保护和高质量发展先行区促进条例》《宁夏回族自治区引黄古灌区世界灌溉工程遗产保护条例》等法规，编制《宁夏黄河流域生态保护和高质量发展规划》《黄河文化保护传承弘扬实施规划》等政策文件，为黄河文化传承彰显区建设提供制度保障。二是家底调查细致周全，专班合作研究深入。对黄河流域11类4129处文化遗产、2968处非物质文化遗产进行全面调查与评估，建立黄河国家文化公园资料库，完成近2000件珍贵文物数字化采集、归类和建档工作。成立黄河文化研究工作专班，举办黄河文化学术研讨会，与相关省区签订合作协议书，完成《黄河文化遗产调查》等国家部委及自治区重大课题研究，与黄河流域九省区社会科学院共同完成《黄河文化高质量发展研究》及《宁夏黄河文化传承彰显区建设研究》等成果。三是文化遗产保护整体能力逐步提升，非遗保护利用体系不断完善。积极推进文物保护"两线"纳入

国土空间规划和"三线划定"，对 25 个保护修缮、数字化保护、三防工程、馆藏文物修复等项目，引入三维数据采集及动态监测等先进科技手段，完成宁夏长城数字再现及在线监测预警项目建设。开展黄河流域非遗作品创意大赛暨系列活动，实施"对话非遗工坊"项目、"美丽工坊"残疾妇女就业增收项目，促成 15 家非遗工坊与文旅企业达成长期合作。

2. 新品牌新业态新活动新模式不断出现，文旅融合高质量发展渐成气候

一是启动实施"文旅创新升级工程"，积极推进文旅融合和"文旅＋"新业态新活动。推动贺兰山东麓旅游风景道、六盘山红色旅游环线、环罗山旅游大道等文化生态休闲旅游复合廊道全线贯通，集中推出"宁夏二十一景"联游。积极推进"文旅＋"融合，实施黄河宿集、星星酒店、沙湖不夜城等文旅融合新项目，打造稻渔空间、龙王坝等农文旅复合型发展典型。围绕"春赏花""夏消暑""秋观叶""冬玩雪"等主题，因地制宜打造一批四季节庆活动，推出一批主题精品旅游线路。二是推进"文旅＋"信息化建设，发展"元游"宁夏服务新模式。实施"宁夏二十一景元宇宙数字文旅营销服务——元游宁夏"项目，借助元宇宙理念，综合运用 5G、区块链、VR、MR 等现代数字技术，打造宁夏二十一景元宇宙数字文旅体验平台，向公众提供各类虚拟体验服务。

3. 黄河国家文化公园建设高标准推进，文化公园品牌进一步叫响

坚持高标准规划、高标准建设，以铸牢中华民族共同体意识为主线，以建设黄河流域生态保护和高质量发展先行区建设为牵引，突出保护传承利用、文化教育、公共服务、旅游观光、休闲娱乐、科学研究功能，打造宁夏引黄古灌区世界灌溉工程遗产展示中心等重要标志性工程，形成具有特定开放空间的公共文化载体，文旅融合区内建设项目初具规模。依托标志性遗产、传统村落等资源，重点打造黄河文化、星星故乡、红色主题、动感体验等文化旅游特色品牌，三大国家文化公园的四大功能区、五大基础工程建设基础得以不断夯实。全方位宣传跟进，纪录片《天下黄河富宁夏》（第一、二季）和电视专题片《长城之歌》《长征之歌》等一批文化公园品牌作品进一步叫响，向全国观众多视角、多维度呈现宁夏故事。

二、2025 年宁夏宣传思想文化工作展望

全面贯彻党的二十大及二十届二中、三中全会和习近平总书记考察宁夏重要讲话精神，坚持学思用贯通、知信行统一，为不断谱写中国式现代化宁夏篇章提供坚强思想保证、强大精神力量、有利文化条件。

（一）进一步提升理论武装新境界，构筑舆论引导新态势，培育社会文明新风尚

发挥党委（党组）理论学习中心组带动作用，通过举办辅导报告、专题研讨、座谈交流等多种方式，推动各级领导干部带头学习、带头研讨、带头辅导、带头撰写学习体会、带头深入基层开展调查研究。坚持线上线下宣讲同步推进，组织专家学者开展系列解读、专题慕课等，把习近平总书记对宁夏人民的亲切关怀、深情厚谊传递到各行各业、千家万户。持续扩大对外宣传，策划推出系列融媒体产品，以 AI 动图、航拍、短视频等形式，开展体验式、互动式、沉浸式的形象宣传，充分展示宁夏地域文化魅力和活力。巩固文明创建成果，深化文明素养提升行动，持续开展农村移风易俗重点领域突出问题专项治理，繁荣发展文化活动，打造更多文化精品，推动文旅融合高质量发展，更大力度培育社会文明新风尚，为不断谱写中国式现代化宁夏篇章增添更高质量新内容。

（二）进一步突出价值引领、惠民务实，推动文明创建在巩固提升中展现新面貌

强化顶层设计、确保常态长效，切实加强组织领导、层层压实责任，开展环境卫生集中清理、基础设施修缮维护、文明素养专项提升等行动，推动重点难点问题在一线解决，着力构建自上而下、齐抓共管的工作格局。丰富创建载体、激发共建活力，坚持以城带乡、城乡一体，聚焦农村环境面貌、文化生活、移风易俗等群众最关心、最直接、最现实的问题精准发力，涵养向上向善、刚健朴实的文化，推动农村精神文明建设高质量发展。聚焦急难愁盼问题，提升幸福指数，强化惠民导向，坚持"创建为民、创建惠民、创建靠民"，切实把在创建过程中群众反馈的需求清单转化为各级各部门的创建任务清单，着力解决群众合理诉求，引导群众以实际行动支持创建、参与创建，进一步提升群众获得感和满意度，推动文明创建在巩固提升中展现新面貌。

（三）全力推动公共文化服务提质增效，推进文化事业繁荣兴盛，促进文化精品工程高质量发展

公共文化服务方面，强化公共文化基础设施建设，丰富群众文化活动供给，在确保常态化"文化惠民"工程的前提下，深挖地方优秀传统资源，鼓励各县（市、区）打造具有地方特色的文化志愿服务品牌。鼓励企业申报大型营业性演出活动，举办高品质文化品牌活动等。

繁荣文艺创作事业方面，仍需加大地方扶持力度，广泛调动群众参与热情，用心用力激发普遍社会活力。银川市黄河主题歌舞剧《大河唱》、音乐剧《山那边是海》创作完成；石嘴山市"文艺石嘴山"新媒体传播平台实现升级、"塞上灵秀地魅力石嘴山"文旅品牌广泛叫响；吴忠市"全民阅读·书香吴忠"品牌建设和"跟着赛事去旅游"品牌项目如期开展；固原市像已获得的"自然城市"美誉一样，再创宁夏乃至全国的"文学高原"；中卫市"守护黄河根脉"为主题的传承黄河文化基因、延续中华历史文脉推进工程等落地生根，为推进宁夏文化事业繁荣兴盛再添新彩、再增新光。

促进文化精品工程高质量发展方面，强化社会功能最大化，真正实现整体提升。2024 年 11 月公布的第十七届精神文明建设"五个一工程"优秀作品奖中，宁夏共有 4 部作品名列其中。这对宁夏文化特别是文学艺术创作无疑是巨大鼓舞，获奖是对成绩的肯定，是对探索创造的鼓励，是对智慧投入、辛勤劳动的致敬。孜孜以求、寻寻觅觅创作文化包括文学艺术、哲学社会科学研究成果，是为了发挥社会功能最大化。宁夏文化研究必须更加拓宽视野，放眼全国乃至世界前沿；更加视角下沉，体察体悟理解基层民情民意，深入挖掘宁夏地域优秀文化，博采众长借鉴吸取全国乃至世界一流成果经验，以中国式现代化为价值导向，创作出既流行又能流传得下去的真正的精品力作，推动宁夏文化特别是文学艺术和哲学社会科学研究整体跻身于全国前列，成为人们不能不庄严瞩目的一个现象。

2024 年宁夏法治发展状况与 2025 年宁夏法治发展展望

李保平

    2024 年即将过去，我们将迎来新的一年。回顾 2024 年，注定是不平凡的一年。2024 年，在以习近平同志为核心的党中央坚强领导下，我国经济社会发展取得了长足的进步，在面临国内外严重复杂的形势下，党领导全国人民，努力奋发，勇毅前行，全面完成了年初制定的各项发展目标任务，推动我国经济社会发展上了新台阶。2024 年，也是中华人民共和国成立 75 周年，全国人民代表大会制度建立 70 周年，回顾我们所取得的一系列成绩，更加坚定了我们走中国特色社会主义道路的决心和信心。2024 年也是"十四五"规划实施的关键年份，中国式现代化建设步入快车道，7 月召开的中共二十届三中全会全面擘画了下一步改革发展的蓝图，为中国式现代化指明前进的方向。我们相信，只要我们坚持发展不动摇，以改革开放为抓手，坚持以人民为中心的发展思想，中国的明天会更加美好。2024 年，在自治区党委、政府的领导下，宁夏各项事业发展取得较好成绩，人民群众生活稳步改善，社会长期保持和谐稳定，民族团结，宗教和顺，是开启中国式现代化宁夏新篇章的重要一年，也是宁夏历史上最好的发展时期。在自治区党委、政府的领导下，法治建设也取得长足进步，有效维护了宁夏安定团结的政治局面，为经济社会发展创造了良好的发展环境。

作者简介　李保平，宁夏社会科学院社会学法学研究所所长，研究员。

一、2024 年宁夏法治建设总体情况

全面依法治国是中国特色社会主义的本质特征。2024 年，宁夏党委、政府坚持以中国特色社会主义法治体系建设为总抓手，全面落实依法治区战略部署，在法治宁夏、法治政府、法治社会建设方面取得了积极成果，法治已经成为宁夏未来核心竞争力的重要标志。

（一）稳步推进平安宁夏建设，维护社会安定有序发展的合力正在形成

1. 深入学习法治思想，在学思践悟和贯彻落实上下功夫、出实招，筑牢政法为民的思想根基

2024 年，宁夏政法机关开展以"七个深刻领悟"为重点的学习研讨，围绕习近平法治思想、习近平总书记考察宁夏重要讲话精神等开展联组学习研讨。按照"关于完善作风建设常态化长效化制度机制"的要求，建立党纪学习教育每周调度推进机制，制定加强政法队伍党的纪律建设 7 个方面 36 条措施。贯彻落实中央和自治区关于整治形式主义为基层减负的部署要求，全面清理规范性文件，集中纠治矛盾纠纷排查化解中数据重复录入、多头填报等形式主义突出的问题。

2. 在完善制度机制上下功夫，破解政策落实不到位的问题

法律的生命在于实施，政策的生命在于落实。通过建立五种机制，畅通政策执行阻碍。一是建立常态化扫黑除恶斗争工作机制。系统总结专项斗争中的打法战法，在工作运行、线索排查、案件办理、打伞破网、源头治理、督导督办六个方面，分类建立了 19 项制度机制。二是建立经济金融风险传导防控机制。针对经济金融重大涉稳风险，成立法律服务和维稳信访专门工作组，先后 5 次专题向自治区党委报送研判报告。与山西、江苏等 15 个省区建立协同落实稳控措施机制。严厉打击经济金融犯罪，破获各类经济犯罪案件 268 起，抓获犯罪嫌疑人 295 人，挽回经济损失 1.5 亿元。三是建立防汛救灾维护稳定机制。加强与应急管理、消防救援等部门协同联动，持续做好洪水、火灾等自然灾害和突发事故场景应急响应处置。依托"塞上枫桥"基层法治工作机制，统筹基层法治力量，加强各类事故灾害隐患排查报告。四是建立涉法网络舆情应对协

调机制。会同自治区党委宣传部、网信办等部门，建立涉法网络舆情应对协调机制，主动塑造有利态势，有效导控网络舆情，成功处置2起重大涉法网络舆情，有力推动"三同步"工作从"被动灭火"向"主动防火"转变。五是进一步完善建强做实"塞上枫桥"基层法治工作机制。坚持以派出所主防警务协作为主线，与人民调解、司法行政调节和治安保卫综合治理防线拧成"一股绳"，突出县（区）枢纽统筹、乡镇（街道）协调化解、村（社区）防范发现能力，牵引基层法治力量协调联动。牢牢把握"深、准、狠"总要求，持续构建"防、查、改、教、强、技、制、督、调、究"主动预防基层法治模式。村（社区）每日组织基层法治力量巡查网格，做到掌握矛盾纠纷"日清日结"、化解矛盾"日清周结"。乡镇（街道）每周联席会商，做到矛盾纠纷化解"周清季结"。县（区）每月下沉，集中攻坚化解难题。2024年1—10月，全区排查各类矛盾纠纷4.3万件，化解率98.5%，刑事案件同比下降26.3%，"盗抢骗"案件同比下降27.6%，电诈案件立案数、财损数同比分别下降33.8%、22.2%。在全区地市各确定1个县（区）信访工作法治化先行试点，紧紧依托"塞上枫桥"基层法治机制，成立由政法单位组成的涉法涉诉信访工作组，在信访局集中攻坚化解，各市、县（区）也参照自治区做法，通过专门机制攻坚化解涉法涉诉信访积案。2024年1—8月，全区信访总量同比下降9.65%，重复信访同比下降23.08%，涉法涉诉信访同比下降5.99%。

3. 全面贯彻落实党的二十届三中全会精神，深入推进政法领域改革

一是对标中央政法委职责机构调整，优化党委政法委内设机构，单独成立宣传与网络社会治理处。落实最高人民检察院应勇检察长来宁夏调研指示要求，自治区、市级检察院完成检察侦查机构专设，成为全国第七个实现市级检察院侦查机构全覆盖省区。将市县级法学会纳入机构编制管理序列，推动市、县、乡三级法学会基层服务站点实现全覆盖。二是出台优化法治化营商环境50条措施，开展涉不平等对待企业的法规规章、政策文件和罚款等制度清理工作，排查起底法规规章、政策文件17万余件。示范建设重点开发区和商务圈营商环境法治化工作站，全区5个地市22个县（市、区）全部建成行政争议调解中心，着力推进营商环境行政调解。2024年全区行政复议案件同比增长53.49%，行政诉讼案件同比下降4.95%。专项监督涉企行政执法问题，区、市、县、乡四

级行政执法协调监督体系已推动整改 6 个方面 1094 个涉企行政执法突出问题，宁夏实施"法治政府建设提升工程"的经验做法得到司法部宣传推介。高级人民法院、检察院全面整合法官、检察官、法官检察官助理、书记员权责清单，明确审委会、检委会、专业法官会议等办案组织司法责任，实现执法办案有章可循。公安厅定期开展巡查检查和通报问责，行政案件查结率明显提高。司法厅研究制定自治区监狱管理局、戒毒管理局监督管理职责清单，层层厘清违规干预、插手、不当过问案件与履行法定职责正当监督管理的界限，切实将权力关进制度的"笼子"。三是深化以审判为中心的刑事诉讼制度改革，出台量刑指导意见的实施细则。有序完成四级法院审级职能定位改革试点工作，研究制定实施意见规范提级管辖案件办理程序。健全完善侦查监督与协作配合机制，加强"一网统管"执法监督，全区公安机关批捕率、起诉率同比分别上升 4.2%、9.9%，检察机关纠正违法数同比下降 40.9%，执法风险防控平台被公安部在全国推广建设应用。四是制定视频会商系统分级保护方案和普通密码保障方案，从硬件指标、软件指标以及运行机制等方面构建涉密安全保障完整体系。制定科技兴警三年行动计划，2900 余个数据模型赋能一线实战，图侦技术支撑破案率达到 70% 以上。宁夏被最高人民检察院确定为全国唯一酒驾综合治理监督模式试点省区，积极推进宁夏酒驾综合治理平台建设，全区醉酒驾驶刑事案件同比下降 40%。

4. 系统推进"一小一老一新一重"法治化服务保障，系统推进未成年人法治化保护

老龄化、少子化是未来发展的趋势，新就业形态人群的权益保障以及重点人群管理是社会治理的重点任务。一是强化未成年人保护，以中卫市沙坡头区为试点，坚持立足预防、家庭为重，立足教育、学校为本，立足法治、社区为要，持续推动家庭、邻居、小区（单元）热心群众"里三层"与社区基层法治力量、学校、群团组织和社会组织"外三层"协同联动，系统推进未成年人法治化保护。集聚政法资源力量，接续开展未成年人法治化保护 5 月宣传、6 月强基主题行动，取得良好社会效果。2024 年上半年，全区未成年人违法犯罪同比下降 21.5%。二是系统推进老龄社会法治化服务。以石嘴山市大武口区为试点，探索将积极老龄观、健康老龄化理念融入基层法治工作机制，持续优化老

年人公共法律服务，协同促进社区适老化改造法治服务，积极保障老年人社会参与合法权益，严厉打击侵犯老年人权益违法犯罪，积极构建与人口老龄化进程相适应的老年友好型法治社会。大武口区2024年已化解涉老矛盾纠纷213件，侦办侵害老年人权益违法犯罪案件24起，正在积极推进综合养老服务中心"法治家园"建设、长生花园社区适老化改造。三是系统推进新就业形态法治化引领。以银川市兴庆区为试点，积极适应新就业形态组织方式平台化、劳动关系自主灵活等特征，依托"塞上枫桥"基层法治工作机制，推动政法机关、行业部门、群团组织、协会商会、平台企业等协同共为，树立办事依法法治思维、倡导遇事找法法治方式、完善解决问题用法法治机制、畅通化解矛盾靠法法治渠道，系统构建有利于新就业形态创新创业创造的法治化引领新格局。兴庆区建设"塞上红色驿站"201个，统筹"三官一师一员"协同开展法治服务，化解新就业形态劳动者矛盾纠纷213件。四是系统推进重点群体法治化管理。依托"塞上枫桥"基层法治工作机制，在全区2883个村（社区）全部成立由村（社区）书记、治保主任、妇女主任组成的重点人群服务管理小组，跟进关注掌握刑满释放、社区矫正等群体，逐一落实动态管理和帮扶帮教措施，严防漏管失控。

（二）构建发展全过程人民民主制度体系，积极推进全过程人民民主落地落实

全过程人民民主是中国特色社会主义民主政治的本质特征，全面贯彻落实全过程人民民主，不但是中国特色社会主义民主制度优势的体现，也是法治宁夏建设的重要内容。

1.有序扩大人民民主参与渠道，让人民民主切实有形、有感、有效

全过程人民民主的理念是2019年习近平总书记在上海市长宁街道古北市民中心考察社区治理和服务情况时首次提出来的。2021年，在中央人大工作会议上，习近平总书记第一次全面系统阐述了全过程人民民主的价值内涵、制度要求和具体措施。全过程人民民主不仅是一种民主理论，更是一种民主实践，只有把全过程人民民主落到实处，才能真正体现中国特色社会主义民主政治的优越性。法律化（政策化）、制度化、机制化是思想规范发挥作用的载体和渠道，没有制度化机制化，各种思想和规范只能停留在宣示阶段而无法发挥真正的作用，这是规范运行的一般规律。全过程人民民主如果没有规范化制度化建设，也同样无法发挥其应有的作用。在2024年7月党的二十届三中全会通过的《中

共中央关于进一步全面深化改革、推进中国式现代化的决定》（以下简称《决定》）中，把健全全过程人民民主制度体系作为重点改革任务来部署，实现了全过程人民民主从理论到实践的巨大飞跃。宁夏回族自治区人大常委会高度重视发展全过程人民民主，2024 年，自治区人大常委会相继通过了《关于邀请公民旁听自治区人大常委会会议办法》，修正《宁夏回族自治区人民代表大会及其常务委员会立法程序规定》《宁夏回族自治区人民代表大会及其常务委员会组成人员守则》，规范人大及其常委会会议制度和工作程序，健全完善人大自身工作运行机制和制度规定。这是宁夏在发展全过程人民民主方面的重大举措，也是落实党的二十届三中全会《决定》的重要内容，必将对推动宁夏发展全过程人民民主产生重大影响。同时，自治区人大常委会在发展全过程人民民主中高度重视代表的主体地位和作用，通过健全代表履职制度机制，规范代表履职内容、提升代表履职能力，充分利用信息化优势，把代表履职与人民群众诉求有机结合，充分实现了"人民选我当代表，我当代表为人民"，把人大代表履职真正落实落地。

2. 以建立立法联系点为抓手，扩大人民群众参与立法的渠道，为科学立法、民主立法奠定基础

建立立法联系点，是在立法领域贯彻以人民为中心的发展思想的重要体现，也是科学立法、民主立法、依法立法的具体要求。全国人大高度重视立法联系点建设工作，在全国范围内，相继建立了 45 个立法联系点，形成了 16 万名信息员的队伍，并相应开展了制度化、规范化建设，奠定了科学立法、民主立法的载体基础。宁夏平罗县人大常委会被全国人大常委会法工委确定为宁夏唯一的国家级立法联系点，为此，平罗县委、人大、政府高度重视，成立由县委、人大、政府领导担任组长与副组长的基层立法联系点工作领导小组，明确由人大法工委具体负责工作落实。宁夏回族自治区人大常委会高度重视立法联系点建设，人大常委会主要领导多次带队实际考察立法联系点建设情况，提出具体要求。截至 2024 年，宁夏回族自治区人大常委会设立基层立法联系点 24 个，宁夏司法厅设立 15 个基层立法联系点，依托司法所确定 245 名立法信息联络员。在实际立法工作中，充分发挥基层立法联系点吸纳民意、汇集民智的重要作用，畅通基层群众民意表达渠道，先后征集立法意见建议 800 多条，内容涵盖立法

项目、立法条目、立法效果等，立法机关积极吸纳有价值的意见建议，把立法工作建立在坚实的民意基础上，让每部法规都满载民意、贴近民生、顺应民心，反映人民群众的诉求和期待。

3. 围绕自治区党委重点部署开展重点领域、新兴领域立法工作，大力探索推进区域立法，坚持以立法引领改革

2024年，宁夏回族自治区人大常委会紧紧围绕经济社会发展大局，通过立、改、废，为全区经济社会发展提供了有力的法律支撑。据不完全统计，2024年，宁夏人大及其常委会共制定2件地方性法规：《宁夏回族自治区社会救助条例》《宁夏回族自治区知识产权保护条例》；修订法规17件，主要有：《宁夏回族自治区行政复议条例》《宁夏回族自治区湿地保护条例》《宁夏回族自治区环境保护条例》《宁夏回族自治区征兵工作条例》《宁夏回族自治区奶产业发展条例》《宁夏回族自治区人民代表大会常务委员会规范性文件备案审查条例》等；废止法规1件：《宁夏回族自治区执行〈中华人民共和国婚姻法〉的补充规定》。审查批准设区市立、改、废条例16件，其中制定4件：《固原市河道管理保护条例》《银川市海绵城市建设管理条例》《石嘴山市湿地保护条例》《中卫市停车场管理条例》；修订9件：《银川市燃气管理条例》《石嘴山市市容环境和卫生管理条例》《固原市城市环境卫生管理条例》《吴忠市城乡容貌和环境卫生治理条例》《银川市物业管理条例》《银川市城市供水节水条例》《银川市餐厨垃圾管理条例》《中卫市城乡居民饮水安全保护条例》《银川市城市房地产开发经营管理条例》；废止3件：《银川市村庄和集镇规划建设管理条例》《银川市矿产资源管理办法》《银川市公共餐饮具卫生管理条例》。同时，在立法工作中，除坚持"双组长"机制外，自治区各级人大积极探索跨区域协同立法，加强与毗邻的甘肃省、内蒙古自治区之间的联系，探索开展腾格里沙漠边缘荒漠化防治协同立法实践，为全面打赢黄河"几字弯"攻坚战，加快建设黄河流域生态保护和高质量发展先行区建设提供法律支撑。积极探索"小切口"立法，以"小而快"及时回应人民群众需求和社会关切，极大提高了立法的精准性和实效性，避免了"大而全"的立法模式带来的不精准和低效率。

4. 履行法定职责，推动备案审查工作取得积极成果

备案审查是宪法法律赋予人大及其常委会的重要职责，也是人大履行监督

职责的重要形式。2024 年，自治区人大及其常委会按照"有件必备、有备必审、有错必究"的原则，向全国人大常委会、国务院报备地方性法规备案审查文件 20 件，收到自治区人民政府、设区市人大、政府报送备案审查的规范性文件 12 件，其中自治区人民政府规范性文件 6 件、设区市人大规范性文件 4 件、设区市政府规章 2 件，报备审查率 100%，并做到依法审查，确保法规、规章和规范性文件符合法律规定，具有较高的质量。

（三）持续深化法治政府建设"八大提升行动"，推动法治政府建设提质增效，法治化营商环境正在加速形成

法治政府建设是全面依法治国的主体工程，也是法治国家建设的"牛鼻子"工程，直接决定法治国家建设的成效。2021 年 8 月，中共中央、国务院印发《法治政府建设实施纲要（2021—2025 年）》（以下简称《纲要》），明确提出要健全政府机构职能体系、依法行政制度体系、行政决策制度体系、行政执法工作体系、突发事件应对体系、社会矛盾纠纷行政预防调处化解体系、行政权力制约监督体系、法治政府建设科技保障体系以及法治政府建设推进机制等八大体系和一个机制建设的总体要求。2024 年，是全面完成《纲要》任务的关键一年，对 2025 年全面完成《纲要》所确定的任务具有重要意义。党的二十届三中全会《决定》以完善中国特色社会主义法治体系为题，对深入推进依法行政，从推进政府机构、职能、权限、程序、责任法定化，促进政务服务标准化、规范化、便利化，完善覆盖全国的一体化在线政务服务平台方面提出明确要求。2024 年自治区深化健全和完善重大决策、规范性文件合法性审查机制，加强政府立法审查，深化行政执法监督体制改革，完善基层综合执法体制机制，健全行政执法监督体制机制等 11 个方面做了全面部署。

1. 全面依法履行政府职能取得新进展

为高水平全方位推进法治政府建设工程，制定《持续深化法治政府建设"八大行动"（2024）工作方案》，以完成《宁夏回族自治区政府建设指标体系》为目标导向，推动法治政府建设走深走实。一是着力深化行政执法领域改革，明确权责，推进清单式管理。完善《自治区政府部门行业系统权力清单指导目录》，完善知识产权、数据管理等新兴领域体制机制，持续推进政府机构、职能、权限、程序、责任法定化。健全乡镇（街道）履行职责清单和村（社区）

工作事务指导目录，选取 7 个县（区）的 24 个乡镇（街道）开展权责清单试点工作，以清单形式列明履职事项，编制基本履职清单 131 项、配合履职清单 89 项、收回上级部门履职事项 70 项，有效破解基层执法"小马拉大车"突出问题。深化市场监管、应急管理等 6 个领域综合执法改革，将农业行政执法职能从市级"大综合行政执法"中剥离出来，新成立 6 支县级农业综合行政执法大队，实现 22 个县（市、区）全覆盖。在全国率先推行派出所"两不办理"①，近 3 年全区行政案件快办案件查结数比重从 11.3% 上升到 49.7%。公安机关与 18 个部门分领域建立完善行刑衔接双向机制，执法风险监督管理改革工作经验在全国公安系统交流。二是着力提升行政执法质量效率。深入开展提升行政执法质量三年行动，通过"问题梳理＋专项治理"方式，在交通运输、生态环境、住房城乡建设、农业农村、卫生健康等 37 个行业领域开展专项整治 343 起，核查发现问题 898 个。印发《关于进一步规范涉企行政执法行为优化法治化营商环境的通知》，围绕执法检查、行政处罚、执法监督 3 方面提出 14 项具体举措，全方面规范涉企执法行为。开展行政执法"三项制度"自查评估，从机制建设、制度落实等方面进行全面体检，进一步健全配套制度、完善执法程序。三是着力加大重点领域执法力度。率先在全国推行省级"河长＋检察长＋警长"机制，年均巡查河湖近 30 万次，助力黄河水质连续 6 年保持 Ⅱ 类进 Ⅱ 类出，劣 Ⅴ 类水体、城市黑臭水体、河湖"四乱"问题动态清零，用最严密的执法守护黄河安澜。纵深推进"昆仑""黄河""亮剑"等专项行动，加强与周边省（区）生态环境、自然资源、林草、公安等部门协作配合机制，近 4 年启动实施生态修复项目 402 个，完成废弃矿山和国土综合整治生态修复 56.48 万亩，治理荒漠化土地 270 万亩，绿色发展活力不断增强。

2. 法治化营商环境加速形成，行政权力制约与监督取得实效

法治化营商环境是法治政府建设的重要内容，从根本上说，法治化营商环境也是法治政府建设效果的试金石、检验器。2024 年，自治区政府高度重视营商环境建设，政府主要领导先后 3 次主持召开民营企业纾困解难集中办公会，对企业提出的生产经营、市场拓展、产品创新、资金周转、政策落实等问题，

---

① "两不办理"：原由派出所办理的刑事案件以及涉黄赌毒的行政案件全部调整至各专业警种办理。

逐项研究答复、现场协调解决，形成了政企双向奔赴、同频共振的良好氛围，有力促进了法治化营商环境的形成。一是强化行政决策制度机制设计，防止程序空转和权力滥用。制定《宁夏回族自治区重大行政决策材料归档管理办法》，修订《宁夏回族自治区重大行政决策事项目录编制指引》。省级层面连续 5 年编制并公布重大行政决策事项目录，区、市、县三级人民政府全部编制公布重大行政决策事项目录，将 93 项社会普遍关注、事关群众切身利益的事项纳入目录管理，从源头上规范权力运行。二是充分发挥法律顾问"外脑作用"。组建第 5 届自治区人民政府法律专家库，聘任 40 名法律咨询委员和 20 名法律顾问，专家人数由上届的 43 人增加到 60 人，增长了 28.33%。截至 2024 年 10 月底，自治区人民政府法律顾问列席政府常务会议、专题会议 43 人次，参与立法论证 63 人次，审核重要文件 45 件次。三是连续 2 年召开民营经济高质量发展暨营商环境全方位提升推进大会。实施"优化法治化营商环境提升行动"、民营经济高质量发展三年行动，建立支持民营经济发展"十项机制"。健全区、市、县三级政府主要领导常态化为企业纾困解难机制，健全重大项目分级包联、专班推进、定期调度机制，46 个部门联合建立厅际联席会议制度，27 个市、县（区）政府全部明确常态化联系服务民营企业三级责任人，全方位构建了全区营商环境服务保障"一张网"。出台《营商环境提质升级行动方案》《持续优化法治化营商环境若干措施》等政策。打造"12345"企业纾困解难"总客服"，2024 年 1—8 月，受理涉企诉求 1.6 万件，办结率 99%。四是深化推进行政执法协调监督工作体系建设。自治区本级和 27 个市、县（区）全部启用"行政执法协调监督局"印章，673 个市、县（区）行政执法部门明确行政执法监督机构，339 名司法所工作人员申领行政执法监督证，基本建成区、市、县、乡四级行政执法协调监督工作体系。印发行政执法协调监督工作指引、行政执法监督示范文本、行政执法监督工作流程图、行政执法监督员管理办法等配套措施，持续规范行政执法协调监督工作。开展涉企行政执法专项监督，对 384 件涉企行政复议纠错和行政诉讼败诉案件逐案倒查，286 件政务服务热线和信访投诉举报涉企执法问题线索逐个核查，推动 253 条自查问题全部整改清零。自觉接受党内监督、人大监督、民主监督、司法监督等各类监督，确保行政权力制约监督全覆盖、无缝隙。

3. "关键少数"作用发挥明显，政务服务水平持续提升

一是充分发挥党政主要负责人"头雁效应"。自治区党委主要负责同志多次研究部署法治工作、听取专题汇报，并对优化法治化营商环境、信访工作法治化等重点工作指示批示、协调督办。首次举办区、市两级政府主要领导旁听的庭审活动，自治区主席张雨浦带头参与，5 个设区的市政府负责人、全区 32 家行政机关主要负责人现场旁听庭审，进一步提升领导干部的法治思维和法治能力。严格落实行政机关负责人出庭应诉制度，2024 年上半年，全区 30 余名"一把手"带头出庭应诉，行政机关负责人出庭应诉率达到 100%。二是实施"13+1+7+N 高效办成一件事"行动。县级以上政务服务大厅全面推行"周末不打烊"服务，24 个园区设立企业服务站，让企业办事"直达快享""免申即享"。加快推进一体化政务大数据体系建设，自治区本级政府一体化政务服务能力总体指数被评定为"非常高"级别，一体化政务服务能力连续 6 年位居西北第一。探索推行"一业一照一码""准入即准营、拿照即开业"改革，企业开办实现 3 小时办结。实施政府和社会资本合作新机制，建立自治区重点民间投资项目库，首次公开推介 100 个鼓励支持民间资本参与的重大项目，涵盖 80% 以上的国民经济行业，总投资超过 670 亿元。实行投资审批容缺办理、多评合一、区域评估机制，首创 1000 万元及以下政府投资项目工程建设领域免缴投标保证金制度，项目审批时限、受理时限分别压减 89.9%、40%。三是加快转变政务公开职能，政务公开向村级延伸实现全覆盖。有效提升政府公信力、执行力和透明度。严格执行《宁夏回族自治区政府信息公开申请办理规范》，截至 2024 年 10 月底，自治区本级办理公开申请 76 件。四是加大行政工作人员执法能力培训。政府组成部门主要负责同志每年带头讲法不少于 1 次，县级以上政府及部门每年组织领导干部旁听庭审活动不少于 1 次。每年至少组织 1 次学法用法考试。2024 年前，各级执法部门完成对本部门（含乡镇、街道）行政执法队伍全员培训，鼓励跨部门联合开展培训。

4. 多元化纠纷解决机制发挥社会稳定"定海神针"作用，"塞上枫桥"经验稳步推进

一是复议主渠道作用充分发挥。修订《宁夏回族自治区行政复议条例》，制定行政应诉工作办法、行政复议案件调解工作指引等制度标准，提升行政复

议规范化水平。健全容缺受理、"线上＋线下"、繁简分流等工作机制，在全区设立行政复议窗口、代收点298个，实现乡镇（街道）全覆盖；申请复议"零次跑"比例达70%以上，区本级审查受理时间、平均办案时间分别压缩至法定时限的1/3、2/3。2024年1—9月，全区收到行政复议申请2410件，增幅达96.1%，受案量首次超过法院一审行政诉讼案件量，案件数比值达1.4∶1，行政复议决定履行率100%，复议案件被诉率连续3年下降，行政复议化解行政争议作用实现转折性提升。二是健全"塞上枫桥"基层法治工作机制，织密人民调解"四张网"。在自然资源、网络消费等领域设立调解组织210个。开展百日矛盾纠纷大排查大调解专项活动，排查纠纷14.8万人次，化解矛盾6.3万余件，成功率达96.9%。三是解纷"多元化"格局逐步形成。构建政府牵头、法院主导、检察院参与的行政争议协调化解工作格局，市、县两级全部设立行政争议协调化解中心，全区十余个市、县（区）探索建立败诉责任追究制度，有效推动行政争议实质化解、有效化解。出台深化"访调对接"推进信访工作法治化实施意见，成立自治区信访事项人民调解委员会，实现市、县、乡三级"访调对接"全覆盖。深化"一重点两重复双交办"机制，深入开展源头治理三年攻坚行动、信访积案化解、初信初访初网专项整治等工作，截至2024年10月，全区信访事项总量12711件次，同比下降9.65%，信访事项及时受理率达到100%，按期答复率达到99.82%。四是公共法律服务建设成效显著，普法宣传有创新突破。2024年，宁夏建成了覆盖城乡的公共法律服务网络，实现了派出所警力下沉社区，每个社区、村庄均实现法律顾问全覆盖。"八五"普法在原有工作经验基础上，在宣传内容、方式方法，以及传播技术方面紧跟时代步伐和群众需要，法治宣传取得较好效果。

综上，总体来看，2024年宁夏法治政府建设成绩突出、亮点纷呈，与全国其他兄弟省区相比，有许多工作走在了全国的前列。当前全国对法治政府建设情况进行科学测评的有两家权威机构，一家是中国社会科学院国家法治指数研究中心，另外一家是中国政法大学法治政府研究院，它们分别每年出版《中国法治发展报告》（中国社科院）和《中国法治政府评估报告》（中国政法大学），对国务院各部委、各省（区、市）、较大市以及部分县区进行测评。从2024年最新出版的《中国法治发展报告》和《中国法治政府评估报告（2023）》评估内容看，宁夏法治政府建设成绩显著。在《中国政府透明度指数报告（2023）》中，关于政府透明度指数设置了五个一级指标，分别是民主科学决策、优化营商环境、规范政府管理、民生保障信息公开、公开平台与机制建设。从评估结果看，宁夏回族自治区在 31 个省、自治区、直辖市中，综合排名为第 20 名，银川市在 70 个地级市中排名为第 27 名，银川市兴庆区在 70 个县（市、区）中排名第 54 名。在中国政法大学出版的《中国法治政府评估报告（2023）》中，设置了政府职能依法全面履行、法治政府建设的组织领导、依法行政制度体系完善、行政决策、行政执法、政务公开、行政权力的制约与监督、法治政府对法治社会的带动、优化营商环境的法治保障、数字法治政府、社会公众满意度调查等 11 项一级指标，评估对象为 100 个城市，银川市作为宁夏唯一参加评估的对象城市在列。从评估结果看，银川市虽然没有进入前 30 名，但一些指标在全国较为靠前。其中政府职能依法全面履行、依法行政制度体系完善、政务公开、行政权力的制约与监督、法治政府对法治社会的带动、优化营商环境的法治保障、数字法治政府等 7 项一级指标总得分均高于全国平均水平。

（四）以高水平司法，服务高质量发展

在法治国家，司法不论在监督政府权力还是在维护社会稳定，保护人民群众生命财产安全方面都发挥着不可替代的重要作用，被认为是维护社会公平正义的最后一道防线。2024 年，宁夏司法机关坚持"以人民为中心"的司法理念，在维护全区社会稳定，打击各种犯罪，保障人权，维护社会公平正义等方面发挥了重要作用，是推进宁夏高质量发展、高水平法治的重要参与者。

1. 正确履行司法机关职责，维护国家安全和社会正常秩序

2024 年 1—10 月，全区人民法院审结危害国家安全和严重危害社会治安犯罪案件 2252 件，多发性财产犯罪案件 1392 件。常态化开展扫黑除恶斗争，依法严惩电信网络诈骗案件 551 件 885 人，判处罚金 746.75 万元。审结涉企案件 6.9 万件，依法审慎用好失信惩戒措施，推动清理拖欠中小企业账款。探索"执破融合"工作衔接机制，发布全区破产审判白皮书，审结清算与破产案件 136 件。深化知识产权"三合一"审判机制，审结知识产权案件 523 件。人民检察院依法惩治危害国家安全、社会安定、人民安宁各类犯罪行为，2024 年 1—10 月，批准和决定逮捕 2965 人，起诉 6581 人。常态化推进扫黑除恶斗争，办理涉黑

恶犯罪 24 人，依法查处涉众型经济犯罪 39 人，有力维护经济金融安全。

2. 以"如我在诉"的理念，切实体现人民司法价值追求，维护人民群众利益，全力保障人民合法权益

2024 年，宁夏法院妥善审理教育、就业、医疗、养老、住房等涉民生案件 3.6 万件，为困难当事人缓减免缴诉讼费 1277 万元，发放司法救助金 317.57 万元。依法保障妇女、儿童等弱势群体权益，开辟妇女儿童维权诉讼"绿色通道"，审结婚姻家庭纠纷 1.3 万余件，审结涉未成年案件 5090 件。全力兑现涉诉权益。巩固完善综合治理执行难的工作大格局，执结案件 9.14 万件，执行到位 139.36 亿元。宁夏检察机关纵深推进"检护民生"专项行动，主动邀请人大代表、政协委员、人民监督员、社区居民代表等听取诉求意见，与司法、民政、妇联、工会等部门靶向建立"检察 + 工会"等 60 余项协作机制，紧扣群众心声精准开展 62 个"小专项"监督活动，真正将检察工作做到群众"心坎上"。统筹"四大检察"一体履职，办理网络、金融、社保、食药等各类民生领域案件 5012 件，不断用检察"力度"提升民生"温度"。深入开展"工程建设领域劳动报酬权益保护""老年人司法保护"等专项活动，支持农民工起诉讨薪维权 328 件，向因案致困的妇女儿童、残疾人等重点人群发放司法救助金 409 万元，为老年人挽回财产损失 125.77 万元，切实兜牢民生底线。

3. 以高水平智慧司法，夯实基层治理基础

基层治理是社会治理的基石，也是社会治理的难点，2024 年，宁夏司法机关依托科技优势，在化解社会矛盾纠纷，构建多元化纠纷解决机制方面发挥了重要作用。截至 2024 年 10 月 31 日，全区法院网上立案 6.6 万件，线上调解 48.4 万件，互联网庭审 7825 场次，电子送达 16.4 万次。网上立案占同期一审民商事立案总量的 40.23%，电子送达率达 87.33%，在线委托鉴定率达 98.85%。联合自治区党委宣传部等 13 家单位建立"总对总"在线诉调对接机制，人民法院调解平台累计入驻调解组织 435 个、调解员 900 人，调处纠纷 2.3 万件，占诉前调解案件的 5.25%。全区 67 个基层法庭全部入驻人民法院调解平台，对接基层治理单位 1542 家，基层治理力量得到有效整合。开展"枫桥式人民法庭"创建，设立 91 个审务工作站、65 个法官工作室、191 个巡回审判点。针对审判工作中暴露出的社会治理问题，发出司法建议 187 份。人民检察院统筹"治

已病"与"治未病"协同发力,向有关部门制发社会治理检察建议 305 件,推动反复性、顽固性问题系统治理、源头治理。全面准确落实宽严相济刑事政策,深化适用认罪认罚从宽制度,认罪认罚制度适用率 85% 以上。全域开展审查起诉阶段律师辩护全覆盖试点工作,依法不起诉刑事犯罪 1584 人,对应受行政处罚提出检察意见、移送主管机关 432 件,促进矛盾化解、增进社会和谐。积极融入"塞上枫桥"基层法治机制,迭代升级"枫桥12309"、"双助理"联动、"五心工作法"等治理机制,三级检察长带头接访信访案件 492 件,以上率下推动案件全部做到程序性回复,实现接收信访数、涉法涉诉信访数、重复信访数"三个下降"。

4.司法改革深入推进,司法队伍建设成效明显

压实院庭长审判监督管理责任,加强法答网建设应用,促进统一法律适用,法答网累计咨询答疑 3992 件。深度应用司法大数据分析预警功能,建成"宁夏法院审判质量管理分析可视化"系统,实现全类型案件、全流程节点、全质效指标可比可查可考。发挥好审判质量管理指标体系"体检表"作用,深化数据会商,强化案件全周期监管,全区法院审限内结案率同比上升 2.59%,平均结案时间减少 7 天,超 12 个月未结案件比下降 0.05%,期限内案件归档率 100%。推进交叉执行,异地交叉执行涉党政机关、消极执行、受到不当干预等案件 597 件,262 件取得实质性进展。推进"终本清仓"行动,恢复执行首执终本案 1.36 万件,实际到位金额 27.06 亿元。统筹推进全国法院"一张网"建设和安可替代工作,建成覆盖全区法院的三级网络,高清科技法庭和互联网法庭覆盖率均达 100%,居全国法院前列。持续推进"3331工程",大力培养选拔优秀年轻干部,全区法院先后有 20 名"80后""90后"年轻干部走上领导岗位,遴选 81 名法官充实审判力量。人民检察院积极推动完善以证据为中心的刑事指控体系,依法提前介入侦查 367 次,自行补充侦查 699 件,举办宁夏回族自治区检察官与律师论辩赛,以赛带训提升出庭指控能力。积极推动轻罪治理提质增效,打造酒醉驾综合治理平台。积极推动完善刑事诉讼制约监督体系,市、县(区)全覆盖设立 41 个侦查监督与协作配合办公室,积极推动"挂案清理",监督公安机关撤案数量保持增长。聚焦历史资源、红色资源、文化资源司法保护,部署开展长城保护公益行动、长征文物和文化保护公益诉讼检

察专项监督活动，立案办理公益诉讼案件 41 件，切实以法治之力守护中华文脉。积极争取地方党委支持，推动实现自治区、市级检察院检察侦查部门单设，成为全国第七个实现市级检察院侦查机构全覆盖省份。紧盯群众反映强烈的司法不公问题，立案侦查司法工作人员利用职权实施犯罪 13 人，运用机动侦查权立案 4 人，有罪判决率 100%，办案质效显著提升。加大年轻干部培养选拔使用力度，在全区政法机关率先完成"3331 工程"配备目标，协调推动市、县级检察院配备党组副书记，配备率达 100%。

（五）政治建警，制度强警，公安工作成效显著

公安工作是最贴近人民群众生活的工作，关乎人民生命财产安全。2024 年，在自治区党委、政府领导下，宁夏公安工作扎实推进，为平安宁夏作出了重要贡献。

1. 政治建警，打造公安铁军

严格落实党委理论学习"第一议题"、研讨交流"第一主题"、教育培训"第一主课"制度，持续深化厅党委理论学习中心组示范领学、基层党组织集中促学、领导干部带头深学、党员民警主动跟学、网上网下交叉互学的"五学联动"机制，全区各级公安机关开展政治轮训 148 期，参训民辅警 1.9 万余人次。全面开展政治督察，坚持从政治上看、从政治上察，开展两轮对 4 个市局和 2 个厅属部门的政治督察，发现并督促整改 4 类 56 个问题，确保党的绝对领导落实到公安工作和队伍建设各方面、全过程。严格落实各项铁规禁令，从严执行公安机关领导干部禁业范围有关规定和领导干部个人有关事项报告制度，组织开展政商"旋转门""逃逸式离职"专项整治，对 10 名离职民警从业情况建立专项档案。深化"四警六廉"工程，开展厅机关廉政警示教育周，组织"一会两学三谈四查"和五项活动，推动警示教育入脑入心。开展全区公安机关警务实战大比武，累计培训专业警种 30 余期 1500 余人次，着力提升队伍职业素质和履职能力。探索开展特殊紧缺人才招录，首次面向国内知名高校招录选调生，打开了招录高层次人才新通道。建立民警身体健康管理、心理健康管理、家访、困难帮扶、警营文体活动"五项制度"。畅通特别优秀警务辅助人员入警通道，提振辅警工作积极性。

2. 立足本职，服务大局，维护社会和谐稳定

针对群众反映强烈的网络治理问题，依法严厉打击整治网络谣言案件287起，清理网络谣言及有害信息2180条，面向社会发布11批82个典型案例，营造和谐清朗的网络舆论环境。强化风险评估、监测预警、安全检查、秩序维护、应急处突等各项安保措施，确保了中国（宁夏）国际葡萄酒文化旅游博览会、中国—中亚合作论坛等重大活动绝对安全。始终坚持和发展新时代"枫桥经验"，强化重心下移、关口前移，常态化开展矛盾纠纷排查化解工作，持续深化"百万警进千万家"活动，推动落实属地管理责任、源头治理措施、多元化解机制，排查各类矛盾纠纷问题4万余件，矛盾纠纷整体化解率超97%，最大限度把矛盾和问题化解在萌芽状态。建立健全特定对象、群体服务管理机制，协同属地党委、政府有关部门，及时开展人文关怀、心理疏导、帮教转化、干预矫治等工作。纵深推进信访问题源头治理三年攻坚行动，推动化解一批公安信访积案，全区公安信访总量同比下降11.6%。以"夏季治安打击整治行动"为牵引，打击严重暴力犯罪、夏季多发犯罪和新型违法犯罪，加大夏夜治安巡查宣防、区域会战和风险清理力度，检查治安复杂场所3.4万余家次，全区"110"刑事警情、治安警情同比分别下降25.6%、18%。聚焦人民群众对平安品质的更高期待，深入研究新形势下违法犯罪的规律特点，快侦快办醉酒滋事、入室盗窃、骚扰猥亵、黄赌毒等高发易发案件，2024年1—10月，全区刑事案件、盗窃案件、危害公共安全案件同比分别下降23.9%、18.9%、43.7%，最大限度让人民群众感到安全触手可及、安宁就在身边。严厉打击经济犯罪活动，非法集资发案同比下降46.9%，金融领域案件发案同比下降50.48%，挽回经济损失2.91亿元，有力守护人民群众的"钱袋子"。纵深推进打击电信网络诈骗治理工作，全区电诈案件立案数、财损数分别同比下降30.2%、20.2%，预警见面劝阻率达到95.2%。巩固禁毒示范城市创建成果，禁毒"拔钉追逃"工作取得近三年最大战果，戒断三年巩固率提升至96%的新高。深化交通事故预防"减量控大"工作，强化路面管控和疏堵保畅，全区道路交通事故起数、死亡人数、受伤人数和财产损失同比分别下降9.9%、10.9%、11.4%、25.8%。深化打击整治枪爆违法犯罪专项行动，对涉危涉爆单位开展地毯式全覆盖的安全检查，排查整改各类安全隐患4146处。全面加强街面巡逻防控，围绕机关、学校、车站、机场等重点

部位和夜经济"商圈"、网红打卡点、小吃夜市等人员密集场所开展巡逻防范，不定期开展临查临检 300 余次，投入巡防警力 5.1 万人次，发动群防群治力量 4.2 万余人。

3. 严格执行中央和自治区党委、政府要求，严禁违规插手经济纠纷案件，营造法治化营商环境更加自觉

围绕"六新六特六优 +N"产业，推广"项目警长""企业管家""警企联络员"等特色做法，完善靠前服务、精准联系、常态走访机制，持续擦亮"亲清塞上"护企安商服务品牌，不断提升市场主体感受度。依法维护市场经济秩序，建立健全新兴领域包容审慎监管机制，全域推行重大涉企案件"报案快理、案件快侦、损失快追"反应机制。优化提升出入境服务，严格落实签证"受理、审核、审批、研判、制证、发放"闭环管理，推动实现"12367"服务平台和"12345"政府热线一键转接、工单互通，累计审批签发出入境证件 11.3 万余本，"12367"服务平台咨询满意率 100%。打造"警企零距离"知识产权保护警务模式，建立 90 家驻企知识产权警务工作站，实现全区 24 个重点工业园区全覆盖，查处知识产权和制售伪劣商品侵权案件同比增长 24%。研究出台惠民利企见行见效"29 项措施"，下放审批权限 11 项、增加服务 27 项、压减时限 8 项，公安厅营商环境评价考核较 2023 年提升 18.2%。国务院、自治区"高效办成一件事"涉及公安的 10 项重点事项全部上线运行，全区政务服务公安专区"一窗通办"改革落实落地，"一网通办"累计减免材料 75%，事项办理时限压减 50% 以上。深化"互联网 + 交管"政务，持续推进便利城市货车通行、轻微交通事故线上视频快处，线上处理简易事故 1.79 万起，公安交管网上服务网办率、满意度均达到 99% 以上。深化户籍改革，在银川市、吴忠市全域试点临时身份证明、亲属关系证明、户口注销证明、婚姻状况变更、文化程度变更全程网办。

4. 公安改革稳步推进，制度机制建设更加完善

立足"省级主责、市县主战、派出所主防"的职能定位，深入推进地方公安机关机构编制管理改革，积极推进市县公安机关大部门大警种制改革，加快构建符合新时代要求、体现实战化特点、具有宁夏特色的现代警务体系。深化"情指行"一体化机制改革，建立健全覆盖区、市、县派出所和直达一线的"五级"指挥调度体系，实现市级公安机关统一接警派警，做到了警力上图、可视调度，

全区重大涉稳风险预警率、行动性线索核查稳控率均达100%。建立敏感警情"提级盯办"、预案指令"关联推送"、网上网下"同步应对"等工作机制，修订完善各类应急预案45个，常态化组织开展实战演练，确保随时拉得出、顶得上、打得赢。扎实开展重复警情治理，紧盯扬言极端、家庭暴力、自杀类重复警情，建立健全"研交办督结"工作机制，家庭暴力及走失寻人类警情同比分别下降11.4%、6.1%，最大限度防止发生"民转刑""刑转命"案件，严防发生个人极端暴力犯罪案件。深入开展"出警快一秒、平安多一分"专项攻坚行动，全区1分钟内警情签收率较2023年度同比提升9.2个百分点，城镇警情到达现场时间较2023年度同比提升10.3%，全区公安机关持续推动110接处警再提速，跑出守护平安"加速度"。持续推进派出所工作三年行动计划各项任务，全面推行派出所"两队一室""一村（格）一警"等警务模式，派出所所长全部进乡镇（街道）班子，探索建立三级基础管控中心，加快推进"一社区一警两辅"和"一村一辅警"全覆盖，提升"两队一室"运行质效，健全完善力量保障、权责清单等配套政策措施，落实基层装备配备标准，管好用好现有各类装备，切实把公安工作的地基挖深打牢。深入实施科技兴警三年行动计划，组织开展科技兴警"五大行动"，加快推进公安大数据中心、"三圈三网"等项目建设。打通政府部门和行业单位的数据资源，新接入自治区信访局、教育厅、民政厅、检察院等9家单位8700万余条数据，创新研发风险评估、预警防范、态势感知、智能研判等各类数据模型10252个。

二、2024年宁夏法治建设存在的问题

2024年宁夏法治建设从历时性视角看，在一些关键领域、关键环节取得了显著的成绩，有力维护了宁夏社会稳定和谐，为经济社会创造了良好的环境，实现了宁夏法治建设的巨大进步。从共时性视角看，与全国兄弟省区相比，宁夏在法治建设上的成绩和经验也是可圈可点，有的经验做法在全国范围内被推广。法治建设没有最好只有更好。法治建设也是一项永恒的事业，需要我们不断努力，持续奋进。所以，在法治宁夏建设中，我们在看到取得成绩的同时，也要清醒意识到我们存在的不足和短板弱项，看到与发达地区法治建设的差距，

只有如此，才能锚定问题，解决问题，不断取得进步。

（一）在深入学习习近平法治思想上还不够深入，造成认识理解上有差距，实践上有误区

习近平法治思想是马克思主义法治理论与中国实际相结合的最新理论成果，是指导当代中国法治实践的理论指南，法治宁夏建设要取得成果，离不开习近平法治思想的指导。2024 年，宁夏政法机关把学习贯彻习近平新时代中国特色社会主义思想作为"第一议题"，在学中干，在干中学，较好实现了理论与实践的互促互进。但同时我们也看到，习近平法治思想是贯通古今中外，具有极强科学性、规范性、逻辑性、实践性的复杂系统，需要持续不断深入学习，才能领会精神实质，指导法治实践。当前宁夏法治实践中还存在一些对习近平法治思想的模糊认识，主要表现为以下几个方面。一是对习近平法治思想系统学习不够，学习中注重知识性的灌输，在系统深入学习理解上存在不足。对一些基本概念包括法治、全面依法治国是中国特色社会主义本质特征等还缺少深入理解，对习近平法治思想的逻辑性、体系性把握不够，存在认识表面化问题。二是对以法治引领改革的重大意义认识不到位，实践上存在误区。受传统治理路径的影响，还没有切实从传统治理路径上转化过来，习惯个人说了算或者以规范性文件决定重大改革事项。三是对一些基本概念认识不清，导致法治实践存在片面化问题。比如法治的概念是习近平法治思想中的核心概念，但对什么是法治，在认识上存在不一致问题，往往把法治等同于法律，把法治化等同于法律化，重视政府治理，忽视了德治、自治在社会治理中的作用，给基层治理体系建设造成一定的负面影响。四是作为"关键少数"的领导干部法治意识还有待进一步提高。在法治建设中抓住领导干部这个"关键少数"是习近平法治思想的重要内容。虽然经过不断学习，"关键少数"的法治意识有所提高，但是个别领导干部，特别是一些青年干部，法治意识还没有完全建立起来，现实中出现的腐败现象、违法违纪、一言堂等问题，都与领导干部不敬畏法治、法治意识淡薄有密切关系。

（二）发展全过程人民民主存在薄弱环节

全过程人民民主是中国特色社会主义民主政治的本质特征，全面贯彻落实全过程人民民主的理念、要求，虽然我们做了大量工作，但仍然存在薄弱环节。

一是全过程人民民主制度体系还没有建立起来。全过程人民民主既是一种民主理念，更是民主实践，要发展全过程人民民主，只有建立起完善的制度机制体系，才能真正落到实处。现实生活中，全过程人民民主更多体现为一种价值宣示，缺少具体的制度体系保障和相应内容，不能完全满足信息化条件下人民群众对人民民主的新需求和新期待。二是科学立法、民主立法、依法立法有差距，影响了立法质量的提升。首先是地方立法研究不够。地方立法是国家立法体系的重要组成部分，但长期以来，受制于人才等各种原因，我们对地方立法缺乏研究，在国家立法告别"宜粗不宜细"，地方立法空间被压缩的背景下，地方立法应该怎么立？立什么？"小切口"立法的适用条件和适用层级、省级立法、设区市立法各自的立法范围等，都需要进行深入研究。其次是地方立法质量有待进一步提升，特别是设区市立法，立法质量还有较大的提升空间，导致立法修改频繁，缺少稳定性。宁夏地域面积较小，如何处理好省级层面立法与设区市立法的职能配置，避免重复立法、多头立法，是我们应该关注的重要方面。再次是地方立法使用效率不高，在司法判决和社会生活中引用率较低，规制作用发挥不明显。最后是立法联系点建设存在重建轻用问题，作用发挥不是特别明显，立法论证不充分，立法后评估开展不平衡，对立法质量的促进作用不够。三是各级人大代表在发展全过程人民民主中的作用发挥不充分。各级人大代表是人民代表大会制度的主体，只有充分调动起各级人大代表参与全过程人民民主的积极性，构建适合人大代表发挥作用的制度机制，实现人大代表具体职业与承担职能的合理化配置，才能够较好发挥人民代表大会在发展全过程人民民主中的重要载体和主渠道作用。

（三）法治政府建设存在短板弱项

法治政府是法治国家建设的基础工程，也是最难啃的"骨头"，从中国社会科学院 2024 年《中国法治发展报告》和中国政法大学《中国法治政府评估报告（2023）》的内容看，宁夏法治政府在取得进步的同时，也存在一些需要进一步改进的问题。一是一些评估指标与发达地区差距正在拉大。在 2024 年的《中国法治发展报告》中，宁夏法治政府建设中民主科学决策得分 69.3 分，优化营商环境得分 66.5 分，而上海民主科学决策和优化营商环境得分则分别为 91.3 分和 90 分，银川市民生保障信息公开得分仅为 38.5 分，而得分最高的广州市为 83.2 分。中国政法大学《中国法治政府评估报告（2023）》对全国 100 个城市 2023 年法治政府建设情况进行评估，宁夏银川市参与测评，从测评结果看，银川市在法治政府建设的组织领导、行政执法、社会公众满意度 3 个指标上低于全国平均水平。二是行政诉讼和行政复议案件数量较多，反映了法治政府建设中存在行政执法单位法治理念不强、行政执法规范化程度不高等问题。多年来，宁夏行政诉讼案件数量和行政机关败诉率一直维持在一个较高的水平。由于数据采集原因，我们无法获取 2024 年行政诉讼案件的具体数据，但从宁夏 2023 年度行政审判白皮书反映的情况看，2023 年，宁夏各级法院依法审理各类行政案件 4385 件，审结 4151 件，其中受理一审行政案件 2324 件（不含行政赔偿案件），同比上升 16.08 个百分点。2024 年，宁夏行政复议案件数量则增加明显。仅 2024 年 1—10 月，全区收到行政复议申请 2834 件，较上一年同比增长 107.62%，其中"事实不清、证据不足""程序违法""不履行或拖延履行法定职责"为行政案件败诉三大主因，基本上也是行政复议案件形成的主要因素。三是腐败案件多发高发，且主要集中在权力资源富集的部门，说明行政决策程序存在空转现象，权力制约和监督需要进一步加强。从中纪委官网公布的消息看，2024 年上半年，全国纪检监察机关共接收信访举报 175.4 万件次，其中检举控告类信访举报 47.7 万件次，处置问题线索 97.1 万件。立案 40.5 万件，其中立案省部级干部 41 人、厅局级干部 2127 人、县处级干部 1.7 万人、乡科级干部 5.6 万人；立案现任或原任村党支部书记、村委会主任 4.7 万人。处分 33.2 万人，其中，党纪处分 26.6 万人、政务处分 9.3 万人；处分省部级干部 25 人，厅局级干部 1806 人，县处级干部 1.3 万人，乡科级干部 4.3 万人，一般干部 4.6 万人，农村、企业等其他人员 22.9 万人。2024 年上半年，全国纪检监察机关运用"四种形态"批评教育和处理 87.9 万人次。坚持受贿行贿一起查，立案行贿人员 1.2 万人，移送检察机关 1941 人。截至 2024 年 11 月，宁夏共有 6 名厅级干部、19 名处级干部接受纪律审查和监察调查，还有大量被给予各种不同处分的干部，特别是青年干部违规违纪数量在不断上升，说明权力在有效制约和监督方面存在不足，需要引起高度重视。四是干部队伍素质还不能完全适应法治化营商环境建设需要，人民群众对法治政府建设的满意度存在温差。法治化营商环境涉及政府工作的方方面面，是法治政府工作成效的集中体现。近年来，自治区政府高度重视营商环境建设，取得了一定的成绩，人民群众满意度逐年提高，但与发达地区相比，还存在明显的差距。从现实情况看，在涉及民生领域，特别是方便群众办事方面，人民群众对法治政府的满意度较高，但涉及行政执法、行政审批等领域，人民群众的满意度还有待进一步提升。改革开放以来，我国充分发挥后发立法优势，在立法内容、立法技术、执法措施等方面走在了世界前列，可以说，我国的法律体系相比于发达国家数十年前甚至上百年前的立法，体现出鲜明的现代化优势。比如，我国的民法典就被认为是最具现代水平的信息化时代的民法典。但之所以在法治国家建设中往往出现许多问题，归根结底是人的素质还不能完全适应现代化建设的需要。费孝通先生在谈到我国改革开放后的发展历程时说，我国的发展经历了农业文明、工业文明、信息化时代，他形象地称之为"三级两跳"，这种情况既体现了我国高速发展的优势，但也反映出人的现代化存在不足，许多人从物质层面已经进入现代化，但在精神层面往往还处于农业文明或工业化时代的前期，不能完全适应信息化时代的需要。以前我们认为这种情况多发生在农村和农民身上，实际上在我们许多领导干部身上也有明显的体现，传统对每个人的影响都会在我们的言行中留下痕迹，只不过有些是显性的，有些则是隐性的。中国式现代化不但包括物质现代化，也包括精神文化现代化，但关键是人的现代化。在法治国家建设中出现的许多问题，包括不依法办事、贪污腐化、不重视程序、不尊重人权和财产权保护，究其本质而言，是人的素质特别是法治素质不高造成的。物质现代化可以实现跨越式，但思想精神的现代化是不可能跨越的，是需要经过长期的补课才能完成的。我国落后地区往往不是体现为物质层面的落后，更多是精神文化观念层面的落后。五是法治政府建设对法治社会建设带动作用不明显。党的十八届四中全会《中共中央关于全面推进依法治国若干重大问题的决定》指出，要推进法治国家、法治政府、法治社会一体建设，之所以是一体而非分治，就是看到法治国家、法治政府、法治社会之间具有较为密切的关联关系，由于法治政府在法治国家建设中具有基础地位，所以法治政府建设不但是法治国家建设的重要内容，也是法治国家建设的标志，同时，也会对法治社会建设产生强大的带动作用。中国古代有"以吏为师"的传统，也是寄希望通过官员的模范带头作用，推动整个社会道德水平的提升。2024年，宁夏法治社会建设进步明显，人民的法治意识、诚信意识、守法意识稳步提升，但由于法治政府建设特别是基层行政执法中存在的问题和个别基层政府的不诚信，"新官不理后账"，部分消解了法治社会建设的成效。

（四）司法审判质效距离让人民群众在每一起司法案件中都感受到公平正义还有差距，司法监督作用有待进一步加强

一是因为司法审判引发的涉法涉诉信访持续增加，说明审判质效还不高。虽然有些案件并不完全是司法机关本身的问题，但大量上访案件存在，说明司法的公正性还不高，司法公信力有待进一步提升，从现实情况看，个别案件确实存在审判不公甚至司法腐败问题。二是涉诉信访案件较多，影响社会稳定。大量对司法审判不满的当事人，如果其诉求得不到有效回应，不排除采取极端行为，有可能对社会稳定和人民群众生命财产安全造成严重威胁。虽然宁夏还没发生类似事件，但也应该未雨绸缪，切实做好释疑解惑工作，消除当事人心结，让他们重新回归社会正常生活。三是司法监督还有待进一步加强。司法监督是中国特色社会主义法治监督体系的重要组成部分，对有效监督公权力依法运行，维护人民群众合法权益发挥着重要作用。司法监督包括人民法院的审判监督和人民检察院的法律监督。从目前行政诉讼、行政复议案件数量持续上升的情况看，司法机关的监督质效还不高，检察建议权威性不足，震慑作用还不强，距离实质性化解行政争议还存在一定距离。四是在巩固现有司法改革成果基础上，对司法权运行监督制约机制仍需进一步完善。党的十八大，特别是十八届四中全会以来，我国新一轮司法改革取得显著成效，司法公正效率得到有效提升。但在实践中，仍然存在一些亟待解决的问题，特别是司法权规范有序运行，防止公器私用或作为个别人谋私的工具。在当下情况下，要特别注意公权力，特别是要避免各级党委"一把手"对司法活动的不当干预，以免影响司法权威，造成不良社会舆论，损害司法改革的声誉。

（五）法治社会建设任重道远，基层治理基础不牢固，社会整体法治意识、创新意识不强，法治宣传、法学研究水平相对滞后，不能完全满足法治宁夏建设需要

法治国家建设是一项复杂的系统工程，其中法治社会建设是基础。一是对法治社会建设存在认识误区。长期以来，我们在法治社会建设上有一个误区，习惯把法治社会建设看成是一个独立的领域，忽视了法治社会与政治、经济、社会、文化等的关系，比较注重从历史文化、人民群众素质等方面理解法治社会建设的问题，而往往忽略了现实的法治状况对法治社会形成的影响。不是先有法治社会才有法治政府、法治国家，三者之间是相互影响、相互促进的关系。但三者地位性质并不一样，法治国家是目标，法治政府是关键，法治社会是基础。在法治社会建设中，法治政府不但具有引领示范作用，而且直接关系到法治社会能否建成，法治社会建设虽然名义在社会，但重心在政府。二是基层治理体系还没有完全建立起来，公共法律服务虽然普及率高，但实效性有待提高。经过多年的努力，宁夏打造了覆盖城乡的公共服务体系，这些公共服务机构，基本上是政府主导建立起来的，自治程度低，德治缺乏具体抓手，距离建成自治、法治、德治相结合的基层治理体系还存在一定距离。基层公共法律服务体系更多的是发挥了案件引流器作用，实质性化解各种矛盾纠纷成效不显著，这从近年来人民法院受理案件数量持续上升就可以清楚看出来。三是法治文化建设、法治宣传教育水平有待提高，法治文化建设和法治宣传教育存在形式化问题。法治文化除来源于一个国家的历史文化传统外，在很大程度上是由一个国家的法治实践决定的。法治文化不是抽象的理论，而是现实中指导人们行为的准则。脱离开具体的社会现实，抽象地谈法治文化是没有意义的，也是不符合马克思主义、历史唯物主义基本原理的。宁夏政法机关高度重视法治文化建设和法治宣传，但由于缺乏对法治文化、法治宣传规律性、时代性的认识，往往存在传统路径依赖，缺乏与社会的互动交流，形式化程度较高。四是法学研究水平不高，服务宁夏法治建设能力不强，制约了法治宁夏建设和对外开放的水平。2023年2月，中共中央办公厅、国务院办公厅印发了《关于加强新时代法学教育和法学理论研究的意见》。这是在新的发展方位上，我国法学教育和法学理论发展史上的一件大事，必将对宁夏法学教育和法学理论研究从指导思想、工作原则、目标任务、研究范式到教学体系、研究体系、学科建设等方面产生重大影响，是推动宁夏法学教育和法学理论高质量发展的重大历史机遇。由于历史与现实原因，宁夏法学研究整体水平与发达地区相比还有较大差距，在涉外法治教育方面，许多方面还是空白。目前宁夏开展法学教育的高校、研究机构仅有4家，宁夏大学、北方民族大学有法学院培养本科法学人才，宁夏大学是一级法学硕士点授权单位，北方民族大学仅有法律硕士专业学位点，宁夏社会科学院和中共宁夏区委党校虽然设有法学研究所（教研部），但从事法学研究教学的科研人员规模体量较小。宁夏的法治人才培养基础较为薄弱，尤其涉外法律人才稀缺，整体法治人才断层现象严重，法学专业硕士研究生占比低于全国平均水平，为全国 5 个法学博士点空白省区之一。法学研究缺乏科研项目支撑，现有的一些项目不但小，且比较分散。在全国范围内缺少有影响力的学科带头人，在全国法学研究中缺少话语权。这些客观因素一定程度上制约和影响了习近平法治思想的研究阐释工作水平，也对宁夏法治建设的质量效益产生一定的负面影响。

三、2025 年宁夏法治发展展望

2025 年是"十四五"规划的收官之年，也是《法治政府建设实施纲要（2021—2025 年）》全面完成的年份，时间紧，任务重，需要我们加倍努力，才能实现预定目标任务。同时，2025 年，我们将面对更加严峻复杂的国内外形势。在2024 年中央经济工作会议上，对我们所面临的形势有较为清晰的认识。随着外部环境变化带来的不利影响加深，我国经济运行仍然面临不少困难和挑战，主要是国内需求不足，部分企业生产经营困难，群众就业增收面临压力，风险隐患仍然较多。从社会治理规律来讲，经济发展问题或迟或早就会外溢到社会层面，造成社会和谐稳定的压力加大。但历史经验告诉我们，越是在这样一种情况下，我们越是要坚持法治、维护法治、守护法治、信赖法治，因为只有法治，才能从根本上解决我们当前面临的一系列经济社会问题，带领中国经济走出困境，迈向辉煌。同时，我们要全面完成 2025 年经济工作会议提出的总体要求，全面贯彻落实党的二十大和二十届二中、三中全会精神，坚持稳中求进工作总基调，完整准确全面贯彻新发展理念，加快构建新发展格局，扎实推动高质量发展，进一步全面深化改革，扩大高水平对外开放，建设现代化产业体系，更好统筹发展和安全，实施更加积极有为的宏观政策，扩大国内需求，推动科技创新和产业创新融合发展，稳住楼市股市，防范化解重点领域风险和外部冲击，稳定预期、激发活力，推动经济持续回升向好，不断提高人民生活水平，保持社会和谐稳定，高质量完成"十四五"规划目标任务，为实现"十五五"良好

开局打牢基础。上述工作任务的顺利完成，不但需要全体人民的共同努力，也需要充分发挥市场在资源配置中的决定性作用，更好发挥政府的作用，充分调动社会参与的积极性。但市场、政府两种作用的发挥，均离不开法治化营商环境的塑造和法治政府建设的成效。在未来发展征程中，法治不但发挥着最为基础的稳预期、固根本作用，也是推动经济社会发展的重要动力。

（一）全面贯彻落实党的二十届三中全会《决定》要求，宁夏的法治建设将会迈上新的台阶，人民群众的获得感、满意度将会进一步提升

2024年，党的二十届三中全会通过的《决定》，吹响了新一轮改革的号角。从《决定》有关法治改革的内容看，本轮改革更加重视制度机制建设，更加重视改革取得实效。《决定》从深化立法领域改革、深入推进依法行政、健全公正执法司法体制机制、完善推进法治社会建设机制、加强涉外法治建设等五个方面对法治改革进行了全面擘画。我们相信，2025年，随着《决定》要求的贯彻落实，宁夏的法治建设将会取得更大成绩。

（二）发展全过程人民民主将会取得积极进展，发展全过程人民民主是中国式现代化的本质要求，也是中国特色社会主义制度优越性的具体体现

《决定》中专门对发展全过程人民民主从加强人民当家作主制度建设、健全协商民主机制、健全基层民主制度、完善大统战工作格局等四个方面做了全面部署。人们对美好生活的向往，是党和政府不懈的追求。人民群众的美好愿望，在新的历史时期，已经不再完全是物质层面的需求，而是体现为更高层级的精神追求，其中就包括对民主法治的强烈要求。2025年，是全面贯彻落实《决定》要求的第一年，随着各种制度机制的建设落实，人民民主将会进入新的发展时期，中国特色社会主义民主政治的优势将会持续显现。

（三）《纲要》确定的任务将全面完成，法治政府建设进入新的发展阶段

2025年是《纲要》的收官之年，法治政府建设的任务将会更加繁重。随着《纲要》规定的任务和指标的顺利完成，宁夏法治政府建设将会取得进一步成效，在规范权力运行监督、程序公正、执法水平提升、人民群众满意度增加、涉外法治建设等方面将会有明显改善，为2035年基本建成法治政府打下坚实基础。党的二十届三中全会《决定》明确了下一步依法行政的改革内容和任务，目标明确，针对性强，全面落实《决定》规定的改革任务，是2025年法治政府建设的主要内容和发展方向。

（四）司法在社会治理中的作用进一步发挥，司法监督质效显著提高

在现代社会，司法不仅仅是定分止争，同时，现代司法在对公权力监督制约、人权保障、型塑社会风尚、打造法治化营商环境等方面均发挥着重要作用，是现代社会治理的基础性力量。2025 年，随着法治国家建设的推进和公正司法体制机制的建立，司法在维护社会公平正义，保护人民生命财产安全，守护社会稳定秩序方面将会发挥更大作用。司法机关与公安机关、司法行政机关相互配合、相互制约的体制机制将会更加完善，司法机关的法律监督职责将会进一步强化，审判权与执行权分离改革将会稳步推进，司法公开、落实和完善司法责任制、人权司法保障等将会有新的举措。

（五）基层社会治理成效显著，法治社会建设稳步推进

随着经济周期性波动，社会治理的难度和复杂性在增加，给基层治理提出了挑战。按照二十届三中全会《决定》的要求，2025 年，在法治社会建设方面，我们将健全覆盖城乡的公共法律服务体系，并切实发挥基层公共法律服务在纠纷解决、矛盾化解、隐患排查、法治引导等方面的作用。进一步深化律师制度、公证体制、仲裁制度、调解制度、司法鉴定管理制度改革，使得上述制度建设能够深入基层、相互配合、相互衔接，形成治理合力。法治宣传教育将会出现新的创新举措，更加贴近人民群众需求，更能发挥主渠道宣传优势，提高法治宣传教育的质效。针对社会反映强烈的教育问题、就业问题、未成年人保护等问题，都会在法治轨道上有序推进。

（六）法学研究和法学教育长期滞后的局面将会有所改观，法学研究服务经济社会发展能力进一步提升

法学研究水平从某种意义上代表了一个地方的法治水平。2024 年，为贯彻落实中共中央办公厅、国务院办公厅印发的《关于加强新时代法学教育和法学理论研究的意见》，自治区出台了《关于进一步加强法学教育和法学理论研究的若干措施》，对宁夏法学研究和法学教育作了全面规划部署。2025 年，宁夏的法学研究和法学教育要争取在以下方面取得实质性突破。一是在自治区层面，把法学学科建设摆上重要议事日程，将法学学科作为自治区重点学科来布局，纳入自治区哲学社会科学发展"十五五"规划，对宁夏社会科学院、宁夏大学法学学科在经费保障、人员编制、机构设置等方面给予倾斜。二是借鉴教育厅教育科学研究项目经验，积极推动将自治区法学会课题纳入宁夏哲学社会科学规划项目管理，提升项目位次，增加经费保障，提高法学会课题研究的水平和影响力。三是开展宁夏中青年法学家评选活动。资深法学家、中青年法学家、优秀青年法学家评选活动在中国法学会和部分省区已经开展了多年，其中有的已经评选十届，旨在推动全国乃至本省区法学领军人才脱颖而出，成效十分显著。建议从 2025 年开始，启动宁夏中青年法学家评选活动，推动法学研究、法学教育、法治人才脱颖而出。四是在自治区党委政法委统一领导下，由宁夏法学会牵头组织，设置若干宁夏法学研究重大课题，加大课题投入力度，开展法治宁夏重大项目研究，以高质量的法治研究，为法治宁夏建设提供智力支撑，同时也为以实践为导向的法学教育培养机制的建立提供载体。

筑牢西北地区重要生态安全屏障

——2024 年宁夏生态文明建设研究报告

徐　哲　宋春玲

2024 年是新思想领航新征程、新蓝图指引新方向、新举措推动新发展的关键之年。一年来，党的二十届三中全会、新时代推动西部大开发座谈会、全面推动黄河流域生态保护和高质量发展座谈会等重要会议精神和习近平总书记考察宁夏在听取自治区党委和政府工作汇报时的重要讲话精神为宁夏生态文明建设水平的进一步提升、生态安全屏障的进一步筑牢提供了新指引、新思路、新规划。肩负唯一全境纳入"三北"工程六期和黄河"几字弯"攻坚战片区的职责使命，宁夏自觉将自身定位和发展放在全国生态体系中进行审视，努力建设黄河流域生态保护和高质量发展先行区、持续推进"三北"工程建设、坚决打赢黄河"几字弯"攻坚战，扛起筑牢西北地区重要生态安全屏障的时代重任，以"一河三山"为改革发展基准线，紧盯重点领域污染防治，加强生态系统保护修复，一体化推进山水林田湖草沙系统治理，大力提高绿色低碳发展水平，坚决以高水平保护支撑高质量发展。

作者简介　徐哲，宁夏社会科学院农村经济研究所副所长，副研究员；宋春玲，宁夏社会科学院农村经济研究所助理研究员。

一、2024 年宁夏生态环境基本状况

宁夏地处黄土高原和内蒙古沙漠边缘的过渡地带，位于中国西北部黄河中上游地区，地理位置介于 35° 14′ N—39° 23′ N，104° 17′ E—107° 39′ E 之间，属于典型的干旱、半干旱气候区，全区总面积为 6.64 万平方千米，同时宁夏还是全国水资源拥有量较少的省区，年均降水量 150—600 毫米之间，但是蒸发量却在 800—1600 毫米之间，降水量空间分布不均匀，加之人类活动的干扰，使得生态环境脆弱。全区地势南高北低，北部地区为引黄灌溉区，地势平缓，水资源丰富，是宁夏经济社会发展最为集中的地区；中部地区为干旱带，常年降水量稀少，土质条件较差；南部地区为黄土丘陵沟壑区，属于典型的半农半牧区。

宁夏近 5 年来生态环境整体态势向好。从宁夏近 5 年主要生态环境指标汇总表（表 1）中可以看到，2019—2023 年，每年宁夏优良天气比例均超过83%，在 305 天以上，2023 年略有下降，是因为受到蒙古气旋和大风天气影响，沙尘天气异常，2023 年沙尘天气发生频次比前一年增加了 8 次。PM$_{2.5}$平均浓度总体呈下降趋势，由 2019 年的 32 微克 / 立方米下降至 2023 年的 29 微克 / 立方米。

黄河干流宁夏段水质总体为优，自 2017 年以来一直保持"Ⅱ类进Ⅱ类出"，入黄排水沟水质均在Ⅳ类以上。湿地面积、森林面积逐年增加，全区森林覆盖率、草原综合植被盖度、湿地保护率和水土保持率分别达到 11.35%、56.8%、29% 和 77.3%。值得一提的是，基于"国土三调"林草综合监测数据重新测算，2023 年宁夏湿地面积、湿地保护率、森林面积、森林覆盖率等 4 项指标均有调整更新，产生差距的主要原因是统计口径范围发生了较大变化。从畜禽粪污资源化利用率、秸秆利用率、化肥利用率、农药利用率、残膜回收率等指标来看，近 5 年来呈上升趋势，农村生态环境逐年转好，农村人居环境综合整治行动改变了农村脏乱差状况，农村保持干净整洁的生活环境。宁夏作为国内首个新能源综合示范区，风电、水电、太阳能发电等可再生能源发电量占比 5 年来逐年提高。

表 1　宁夏近 5 年主要生态环境指标汇总表

指标（单位）	2019 年	2020 年	2021 年	2022 年	2023 年
全区优良天数（天）	321	312	306	307	293.8
全区优良天数占比（%）	87.9	85.1	83.8	84.2	80.5
$PM_{2.5}$ 平均浓度（微克/立方米）	32	33	27	30	29
沙尘天气次数（次）	19	15	20	15	23
黄河干流宁夏段水质	Ⅱ类	Ⅱ类	Ⅱ类	Ⅱ类	Ⅱ类
湿地面积（万公顷）	20.72	20.72	20.72	18.17	18.34
湿地保护率（%）	55	55	55.5	56	29
森林面积（万亩）	1185	1231.8	1318	1403	884.55
森林覆盖率（%）	15.2	15.8	16.91	18	11.35
畜禽粪污资源化利用率（%）	89	90	90	90	90
营造林面积（万公顷）	9.23	8.17	10.50	10.05	8.40
秸秆利用率（%）	85.15	87.6	88.6	91.2	90
化肥利用率（%）	39.6	40.1	40.5	41.2	41.5
农药利用率（%）	40.2	40.8	41.1	41.5	41.8
残膜回收率（%）	91	85	86	87.5	88
可再生能源发电量占比（%）	16.2	18.7	23.3	23	25.9

数据来源：2019—2023 年《宁夏生态环境公报》。

二、2024 年宁夏生态文明建设成效

（一）规划先行，引领有力

提升生态文明建设水平，需要规划先行，调动各方力量，协调各方利益，统筹资源使用，齐心协力共同绘就青山绿水新画卷。2024 年以来，宁夏坚持一体推进规划体系构建、空间格局优化、重大战略落实，编制《宁夏回族自治区国土空间生态修复规划（2021—2035 年）》（以下简称《规划》）。《规划》以自然地理环境与资源禀赋现状为基本坐标，以美丽宁夏为发展方向，深刻把握生态系统的整体性、系统性及其内在规律，坚持问题导向，坚持系统治理，统筹推进山水林田湖草沙一体化保护，全面构建生态保护修复大格局。《规划》目标导向明确，生态分区明晰，管控措施有力，对构建主体功能明显、发展优势互补、良性联动循环的高质量发展新局面具有重要意义。还出台《自治区全面推进美丽宁夏建设的实施方案》，以美丽宁夏"九大战"为核心，聚焦关键

领域重点问题，全面部署工作任务，一体开展"美丽系列"建设行动，全领域转型、全方位治理、全要素提升、全地域建设、全过程防范、全社会行动，坚决践行绿水青山就是金山银山理念，形成了美丽宁夏建设的工作蓝图。

（二）污染治理科学精准

坚持精准治污、科学治污、依法治污，污染防治攻坚战势头强劲，以更高标准打好蓝天、碧水、净土保卫战，生态环境质量总体向好。

1.蓝天保卫战有力有效

以改善环境空气质量为核心，多措并举，重拳出击，切实增强人民群众的蓝天获得感，截至 2024 年 11 月 20 日，全区优良天数比率为 80.4%，排除沙尘天气影响，$PM_{2.5}$ 平均浓度为 30 微克 / 立方米，优于国家考核目标（30.5 微克 /立方米）要求；重污染天数比率为 0，达到国家考核目标（控制在 0.4% 以内）。

深化推进"四尘同治"，围绕"烟尘、煤尘、气尘、扬尘"，持续开展水泥、燃煤等重点行业深度治理，大力推进冬季清洁取暖项目。加快运输行业结构调整，加强移动污染源联合监管。截至 2024 年 7 月，路检路查柴油货车 90 辆次，处罚超标排放车辆 54 辆次；检查全区重点用车企业、用车大户 109 家，抽测柴油运输车 252 辆次，抽测非道路移动机械 279 台次，发现问题车辆 40 辆次、问题机械 106 台次；抽测加油站 63 家次，发现问题 34 个；检查帮扶机动车排放检测机构 24 家次，发现问题 128 个，问题线索全部移交属地生态环境部门落实整改。强化建筑工地、裸露空地、非煤矿山等扬尘综合治理，基本建立"机械深度洗扫 + 人工即时保洁"的道路扬尘污染控制机制，实现地级城市机械化清扫率 80% 以上，县级城市机械化清扫率 75% 以上。

持续强化大气攻坚。开展冬春大气污染防治，制定《2024—2025 年全区冬春季大气污染防治攻坚行动方案》，深入打好重污染天气消除、臭氧污染防治和柴油货车污染治理攻坚战。开展夏季臭氧污染防治攻坚战，精准追踪臭氧污染源以及污染成因，持续推进石油炼制、石油化工、现代煤化工等重点行业VOCs"一企一策"综合治理行动，扎实开展挥发性有机液体储罐、装卸等 10个关键环节整治，2024 年以来累计排查企业 733 家次，发现问题 608 个，完成整改 598 个，切实提升挥发性有机物排放"三率"。"十四五"以来，累计减排氮氧化物 19521 吨、挥发性有机物 7513 吨、化学需氧量 12515 吨、氨氮 1333 吨，提前完成国家下达任务。

2. 碧水保卫战效果斐然

以改善水环境质量为核心，综合整治黄河干流及重要支流、重点湖泊、重点排水沟，持续巩固黄河干流宁夏段水环境质量，黄河干流宁夏段水质稳定在Ⅱ类进出。分类治理城乡生活污水、养殖废水和农田退水，开展入河（湖、沟）排污口分类整治，推进重点排水沟综合整治、黑臭水体整治，强化饮用水水源地环境保护，深化区域再生水循环利用。截至 2024 年 11 月 20 日，"十四五"期间国家考核的 20 个地表水断面Ⅲ类以上水质优良比例为 90%，同比上升10.0 个百分点，序时完成国家下达目标任务（达到或好于 80%）；劣Ⅴ类水体持续为 0。

3. 净土保卫战成效显著

坚持预防为主、风险管控、水土共治，扎实推进土壤、地下水和农业农村污染治理。一是积极探索污染土壤人工修复措施。科学处理土壤生态自然恢复与人工修复关系，启动宁夏灵武市马家滩镇的中国石油长庆油田分公司第二助剂厂土壤修复项目，积极探索土壤绿色修复的实践路径。二是强化建设用地联动监管，深入实施土壤污染源头防控行动，加快推进源头管控重大工程建设。促进土壤和地下水环境质量巩固提升。三是持续实施化肥农药减量化行动，安全利用受污染耕地，土壤污染防治总体平稳。

4. 固体废物和新污染物治理战深入推进

随着美丽宁夏建设的深入推进，固体废物减量化、无害化、资源化水平显著增强，生态环保工作正在由"雾霾""黑臭"等感官指标治理向长期性、隐蔽性危害的新污染物治理转变。截至 2024 年 11 月 20 日，一般工业固废利用率达 63% 以上，危险废物安全利用处置率达 100% 以上。一是新污染物治理在探索中前进。自 2022 年宁夏发布《自治区新污染物治理工作方案》以来，通过加强涉新污染物建设项目准入管理，强化新化学物质环境管理登记证企业监管，定期开展动态监测等措施，新污染物治理逐步深入。二是重点推动"无废城市"建设工作。自 2022 年宁夏正式启动"无废城市"建设工作以来，积极探索固体废物减量化、资源化、无害化的路径方法，工业固体废物资源化利用工程、生活垃圾分类处理及利用工程等"十大工程"进展顺利，成效显著。

（三）生态保护修复成效显著

2024 年 6 月，习近平总书记在宁夏考察时强调，"保护好黄河和贺兰山、六盘山、罗山的生态环境，是宁夏谋划改革发展的基准线"。"一河三山"护佑着宁夏的生态多样性，支撑着宁夏的生态平衡，维系着宁夏的生态安全，对宁夏的气候调节、水土保持、生态循环具有至关重要的作用。牢记习近平总书记嘱托，根植生态文明建设实际，宁夏以"一河三山"为核心，持之以恒推进生态保护修复，成效显著。

1. "一带三区"保护有力

宁夏是全国的重要生态节点、重要生态屏障、重要生态通道，"一河三山"的生态安全屏障体系已经成型。在宁夏，黄河主要生态功能为固沙滞沙、阻沙入黄，贺兰山主要生态功能为生态治理与修复，罗山主要生态功能为防风固沙，六盘山主要生态功能为水源涵养。黄河生态经济带、北部绿色发展区、中部防沙治沙区、南部水源涵养区"一带三区"总体布局使得宁夏乃至整个西北地区的生态安全得到长效保护。通过长期的生态保护、生态治理、生态修复，困扰宁夏的沙患问题、水患问题、盐渍化问题、农田防护林问题、草原超载过牧问题、河湖湿地保护问题等六大问题得到了有效的改善，同时还形成了可借鉴、可复制、可推广的好经验、好做法，宁夏生态保护成效显著。

2. "三山绿颜"进一步绽放

因地制宜、精耕细作，持续推进"三山"生态修复。一是以国家公园建设为突破口，着力推动贺兰山、六盘山生态修复再上新台阶。贺兰山、六盘山成功列入《国家公园空间布局方案》，贺兰山被列为全国 49 个国家公园候选区（含 5 个正式设立的国家公园）的第 13 位，黄河流域布局的 9 个国家公园候选区中第 5 位。二是以重大工程为抓手，巩固扩大"三山"生态修复成果。持续实施贺兰山和六盘山"山水"工程、黄河上游风沙区废弃矿山生态修复示范工程、国土绿化试点工程、贺兰山东麓"藤灌草结合"生态修复试点项目等，以"三山"为坐标，分类施策，持续改善生态。

3. 黄河安澜进一步维护

宁夏十分重视黄河标准化堤坝建设，近几年，以黄河流域生态保护和高质量发展先行区建设为抓手，进一步维护黄河生态安全。开工建设黄河宁夏段河道治理工程银川片区段，加高培厚堤防，整治河道，实现黄河宁夏段全境堤防闭合，目前建成黄河标准化堤防工程 416 公里，切实筑牢防洪安全的堤坝。

4. "几字弯"攻坚战全面打响

发挥宁夏区位作用，系统推进沙化、荒漠化治理。宁夏是全国唯一全境纳入黄河"几字弯"攻坚战片区和全境属于黄河流域的省区，坚决扛起"几字弯"攻坚战的使命任务，精准施策、创新施策，取得显著效果。大面积推广刷状网绳、蓝藻沙结皮、高效植苗等新技术，大力实施石嘴山市平罗毛乌素沙地系统治理示范工程，开展中部干旱带荒漠灌丛森林自然演替、人工灌木林提升改造和活化沙地综合治理，探索防风固沙、富民产业等融合发展的"新路子"，取得了良好成效。截至 2024 年 11 月，宁夏共谋划新建治沙项目 10 个，续建项目 7 个，计划完成任务量 421.9 万亩，申请中央投资金额 25.2 亿元。

5. 生物多样性保护新任务启动

实施了《新时期宁夏生物多样性保护战略与行动计划（2023—2030 年）》，加强了生物多样性的调查监测评估，推进本底调查，实施生物多样性重大保护工程，开展生物多样性可持续利用试点示范，加强珍稀野生动物生态廊道和候鸟迁飞通道建设，逐步优化以自然保护地、生态保护红线、植物园、动物园、种质资源库（圃、场）、繁育中心等为主体的生物多样性就地、迁地保护体系，开展"绿盾"自然保护地强化监督专项行动等，有效维护了宁夏生物多样性，保护了珍稀濒危物种，生态系统多样性、稳定性和持续性不断增强。经过多年保护修复，固原市的森林覆盖率和草原综合植被盖度分别达到 16.07 豫和 87 豫，陆生脊椎动物增加了 468 种，无脊椎动物增加了 658 种，植物增加了 941 种。在联合国《生物多样性公约》第十六次缔约方大会上固原市成功入选"自然城市"名单，是西北地区唯一入选的城市。

6. 分区管控机制逐步完善

瞄准"一河三山"生态坐标，衔接《宁夏回族自治区国土空间规划（2021—2035 年）》，发布《宁夏回族自治区生态环境分区管控动态更新成果》，按照生态功能不降低、环境质量不下降、资源环境承载能力不突破的原则，重新调整全区生态空间，明确环境质量底线，校核资源利用上限，变更环境管控单元，修订生态环境准入清单。

（四）绿色发展质量不断提升

1. 资源集约节约利用

绿色发展与生态要素配置效率呈正相关，按照人与自然和谐发展的现代化建设要求，宁夏深化体制机制改革，完善要素统筹，着力探索配置效率最优化和效益最大化的发展路径。一是"四水四定"主动战成效斐然。坚定落实"四水四定"的刚性原则，统筹水资源高效利用与产业高质量发展。将水资源作为宁夏生存发展的第一资源，通过设计规划方案，明确重点任务，制定指标体系，打造银川市、利通区、盐池县、海原县、隆德县、惠农区和宁东基地7个示范试点，在全国率先推进"四水四定"，探索西北干旱地区生态保护和高质量发展的新路子，实践案例入选第六批全国干部学习培训教材。以用水权改革为突破，提升水资源市场配置效率。2021年以来，用水权通过公开竞价和协议两种方式进行市场化配置，累计交易339笔，交易水量2.53亿立方米，交易资金5.02亿元。与四川省完成第一单跨省域水权交易，被中央主要媒体深度报道。二是土地配置更加高效。按照"项目跟着规划走，要素跟着项目走"原则，全年50%以上新增建设用地计划指标优先保障重大基础设施、重点产业和民生项目，对国家和自治区重大项目"点供"配置计划指标，对重点产业统筹调配用地计划指标，乡村振兴重点县（区）单列计划指标。宁夏土地二级市场统计监测平台与全国土地二级市场交易服务平台全面互联，实现交易数据全国共享，业务办理全国协同，这将有助于进一步提高土地配置效率、盘活闲置。截至2024年9月，线上线下办理国有建设用地使用权转让537宗，入市农村集体经营性建设用地21宗621.7亩、成交金额6279.84万元。三是着力提升矿产资源集约节约效率。在全区范围内开展非油气矿产资源开发利用水平调查评估工作，对2023年全区正常生产矿山矿产资源开发利用水平进行调查评估，准确掌握开发利用状况，为绿色低碳发展筑基。

2. 加快产业绿色转型升级

出台《自治区新型工业化绿色转型行动方案》，大力实施"产业结构高端化转型、能源消费低碳化转型、资源利用循环化转型、生产过程清洁化转型、制造体系绿色化转型和生产方式数字化转型"等"六大转型"，以及"传统产业改造升级行动、低端低效产能退出行动、用能结构优化行动、工业能效提升行动、资源循环利用促进行动、工业节水增效行动、工业污染防治行动和绿色制造示范行动"等"八项行动"，形成以工业绿色转型引领各行业绿色发展的现代化产业新格局。一是传统产业进一步改造。积极培育新质生产力，探索以绿色工厂、绿色园区、绿色供应链为主要内容的绿色制造体系，推动产业绿色转型升级。2024 年，新建成自治区绿色工厂 32 家，绿色工厂总数达 158 家，其中，国家级绿色工厂 49 家。加速替代传统产能，化解过剩产能。"十四五"以来，宁夏通过资金支持、技术支持等方式，淘汰旧产能，化解过剩产能，截至 2024 年 11 月底共淘汰 67 家企业落后产能 607 吨，腾出 89 万吨能耗布局空间。二是新兴产业不断壮大。以新材料产业为例，2024 年全区计划实施新材料产业重点项目 120 个，年度计划投资 375.3 亿元，占全区工业年度计划投资的 60.8%。截至 2024 年 11 月底，开（复）工率 82%，实际完成投资近 200 亿元，占年度计划投资的 53%。三是能源消费低碳转型。宁夏加大资金支持，实施冶金、化工、有色、建材等重点耗能行业节能降碳改造，支持建设节能环保技改项目 27 个，支持资金 2710 万元。

3. 公众生态文明意识不断提升

绿色发展不仅仅需要产业经济和生态环境的绿色化，还离不开每一个居民的生活绿色化。中国城镇化率已经超过 60%，而宁夏已经高出全国平均水平，银川市首位度居全国前列。几年来通过生态文明宣传与教育，公民参与度逐年上升，居民绿色生活方式正在逐渐转变。在 2024 年六五环境日举办"全面推进美丽中国建设"的宣传教育活动，引导全社会做生态文明理念的积极传播者和模范践行者。在活动现场举办碳中和示范活动，活动预估产生的温室气体由宝丰能源集团以无偿捐赠形式注销全国碳市场配额。以生动形式宣传碳中和理念，倡导公众积极践行低碳生活方式，实现碳中和的低碳理念。同时宁夏深入推进生态文明示范创建，拓宽绿水青山转化金山银山路径，努力创建生态文明建设示范区及"绿水青山就是金山银山"实践创新基地，打造美丽宁夏建设示范样板。从 2017 年生态文明建设示范区及"绿水青山就是金山银山"实践创新基地评选以来，宁夏已评选出 3 个生态文明建设示范区及 6 个"绿水青山就是金山银山"实践创新基地。随着全国生态文学创作基地在银川落户，宁夏生态形象更加立体。

（五）生态文明体制改革迈进新征程

全面深化改革是推进中国式现代化的根本动力，也是推动生态文明建设阔步前行的重要法宝。在党的二十届三中全会精神的指导下，宁夏十三届九次全会牢牢把握重在保护、要在治理的战略要求，因地制宜贯彻落实党中央生态文明体制改革的重要部署，提出加快完善落实绿水青山就是金山银山理念的体制机制，建立"一河三山"改革发展基准线体制机制，健全生态环境综合治理体系，持续深化"六权"改革等工作安排，生态文明体制改革进入新阶段。

1. 体制机制更加完善

持续强化制度建设，确保生态文明建设各项措施得以切实执行。加强污染治理制度建设，颁布《进一步优化和加强环境影响评价服务以保障高质量发展的若干措施》等文件。优化生态保护制度建设，制定《关于进一步优化固体废物环境监管以提升固体废物利用处置水平的若干措施》等政策。强化生态文明法治建设，对《宁夏回族自治区环境保护条例》进行修订。在各个领域和环节明确目标、加强指导、严格标准，为美丽宁夏建设构建坚实的制度支撑。

2. 科技赋能更加强劲

聚焦生态环境保护领域的技术需求与瓶颈问题，确定目标任务、推进措施，以科技创新赋能绿色发展。大力推动关键技术攻关和关键成果研发，例如在大气治理中，实施二氧化碳排放达峰与环境空气质量全面达标"双达"试点攻关研究，开展大气污染潜势中长期趋势预测、沙尘天气精细化监测和预报预警能力建设。在水治理中，开展"宁夏地下水生态保护修复和资源开发利用关键技术研究与示范"项目，针对水资源匮乏、地下水超采和盐渍化等问题，采用监测检测、数值模拟、遥感解译等方法，构建生态环境因素耦合模型及质量评价体系，有效提升自然资源系统科技创新整体效能。

3. 执法监督力度加大

围绕中央生态环境保护督察反馈和黄河警示片披露问题，及时"回头看"督导督办，推动各项整改任务逐一落实到位，压实验收销号责任，确保问题坚决彻底整改到位、不反弹。实施生态环境系统提升行政执法质量三年行动，开展"两打""清废行动"等专项活动。强化社会化检验检测机构整治，规范市场秩序，严格环境监测全过程全环节监督管理，严惩弄虚造假行为。持续推动"绿盾"强化监督，严肃查处破坏自然保护地生态环境的违法违规问题，持续夯实自然生态保护监管能力。持续开展环保信用评价，对环保信用等级较低的依法实施失信联合惩戒。

4. 安全保障持续稳固

环境风险防范持续强化，通过细化涉危险废物生产经营各环节、核技术利用单位和污染治理设施安全防范要点，实施环境风险差异化管理等举措，生态环境风险防范得到强化，生态安全平稳有序。

三、生态保护面临的问题和挑战

（一）生态本底敏感脆弱仍然存在

近年来，虽然宁夏在生态保护修复方面取得显著成绩，但生态系统本底敏感脆弱的问题尚未实现根本性转变，仍需保持高度警惕。受自然环境和地理区位影响，宁夏干旱少雨、风大沙多，生态本底脆弱敏感，干旱半干旱区域占全区总面积 75% 以上，中度以上生态脆弱区占比达 40.2%。据《宁夏水资源公报》统计，2023 年全区降水总量 131.025 亿立方米，折合降水深 253 毫米，年降水频率为 70%，是枯水年。进入 2024 年，虽然全区降水量总体偏多，在春季平均降水量就达到 81.4 毫米，较常年同期偏多 72%，但降水时空分布不均匀，年均水面蒸发量是降水量的 4.2 倍，地表径流量减少，地下水水位降低，资源型缺水的总体状况尚未实现根本性好转。森林生态系统总体脆弱，水源涵养调蓄能力弱，森林覆盖率、草原综合植被盖度在西北地区均处于中等偏下水平（见表 2），且伴随草原退化问题，全区 85.9% 的草地不同程度退化。地貌类型多样，土壤抗蚀能力差，水土流失严重，目前水土流失面积仍占 23.4%。受限于水资源、植被等自然生态现状，土地沙化荒漠化综合治理成效不稳定，加剧了沙尘暴等极端天气发生的风险。2024 年春季，引黄灌区平均沙尘日数为 18.6 天，为 2001 年以来同期最多。

表2　西北五省区2023年森林覆盖率及草原植被覆盖率

省区	2023年森林覆盖率(%)	2023年草原综合植被盖度(%)
陕西省	45	57
甘肃省	11.33	54.94
青海省	—	58.12
宁夏回族自治区	11.35	56.8
新疆维吾尔自治区	15.08	41.57

（二）气候变化挑战凸显新问题

近年来，全球气候变化引发新的环境问题，对本就脆弱的宁夏生态环境来说更是艰巨的挑战，新问题开始显现。植被恢复与水资源的可持续利用趋近上限，尤其是高耗水植物导致土壤出现干燥化，国家70%的非荒漠化标准在水资源紧缺的条件下难以达到。全球变暖导致气候系统不稳定，极端性天气频发，春季全区中雨以上（日降水量≥10毫米）的日数为2.8天，较常年同期偏多1.6天，11个国家气象站日降水量突破极值，强降水和强对流引发气象灾害。在生物多样性方面，野生动物生境连通性被割裂，环境承载力不够，影响物种生存。

（三）资源集约节约仍需用力

水资源是长久以来影响宁夏发展的重要因素，"四水四定"成效显著，但目前仍存在三方面问题。一是水资源持续趋紧。如表3所示，"十四五"以来，年度水资源总量呈下降趋势，而耗水量基本呈上升趋势，2021—2023年耗水量分别是水资源量的4.1、4.4、4.5倍，且2023年耗水量已略超国家分配的39.26亿立方米指标，水资源供需矛盾日益加剧。二是用水结构不优。如图1、图2、图3所示，农业灌溉定额大、用水多，占比远高于全国平均水平。2024年引黄灌区计划冬灌引水10.65亿立方米，超过去年的9.857亿立方米，用水量有继续增加趋势。三是用水效率不高。高耗水工业项目较多，收益却相对较低，万元工业增加值用水量降幅（较2020年可比价）13.3%，与国家"十四五"用水总量和强度双控目标要求的16%还有一定差距。2023年万元地区生产总值用水量（当年价）为122立方米，而万元国内生产总值（当年价）用水量为46.9立方米。水资源集约节约利用还有很大努力空间。

表3 "十四五"以来全区水资源总量及用水量统计表

年份	水资源总量	用水总量	耗水量	农业用水	工业用水	生活用水	人工生态补水
2021 年	9.336	68.091	38.587	56.858	4.244	3.67	3.319
2022 年	8.924	66.33	39.616	53.639	4.461	3.698	4.53
2023 年	8.138	64.78	39.857	52.969	4.861	3.698	3.251

（数据根据 2021—2023 年《宁夏水资源公报》整理，单位：亿立方米）

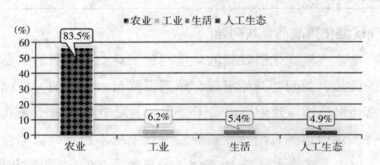

图 1 宁夏 2021 年各行业用水量比例

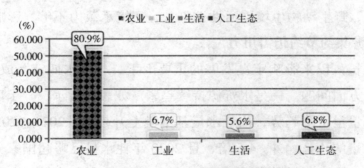

图 2 宁夏 2022 年各行业用水量比例

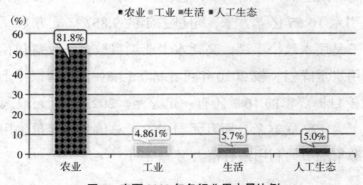

图 3 宁夏 2023 年各行业用水量比例

土地资源方面，集体经营性建设用地总量少、面积小、分布零散。贺兰县、平罗县、盐池县、中宁县开展国家农村集体经营性建设用地入市试点以来，入市土地主要是存量集体经营性建设用地，目前存量无法满足村庄规划、就地入市、企业用地需求。矿产资源方面，勘查力度有待加大。煤层气、页岩气勘查开发工作程度浅，需要进一步加强勘查、挖掘和有效利用矿产资源的潜力。

（四）要素保障有待进一步增强

脆弱的生态本底、干旱少雨的现实条件，增加了宁夏生态保护修复的难度，生态保护修复项目建设周期长、资金需求大、盈利能力弱、投资见效慢，这就对要素保障提出了更高的要求。首先，资金保障难度大。经济下行、政府债务风险高，加大了政府财政压力，对生态的资金保障更加困难。其次，社会资本参与有待进一步调动。生态保护修复项目投资大、收益慢，林下经济、休闲康养等特色生态产业仍处于发展初期，生态保护与产业发展同时推进，资金需求大，发展规模较小，市场活跃度低，加上激励机制不完善，使社会资本对各生态项目普遍积极性不高。国有企业竞争力不强，在清洁能源方面布局投资比重较低。最后，科技支撑能力有待加强，信息化水平需要提高，有必要朝着空天地一体化生态环境监测网络的建设要求进一步前进，固废资源化无害化利用技术亟待攻关。

（五）区域协作仍需加强

生态保护修复与环境治理需要打破行政区域的限制，以自然环境为坐标，加强通力合作。一是环境保护治理需要跨区域合作。例如黄河、贺兰山、六盘山、腾格里沙漠等重点治理保护对象，都属于跨省区地理单元，受制于属地治理，无法形成联防联治合力，影响治理成效。二是自然资源市场化配置需要区域统筹。例如，黄河流域水资源供需矛盾突出，沿黄各省区自发交易意愿较弱，区内部分市县考虑后续发展用水需求，对于跨县域出让用水权积极性不高。

四、生态文明建设的前景与展望

党的二十届三中全会通过的《中共中央关于进一步全面深化改革、推进中国式现代化的决定》提出，"聚焦建设美丽中国，加快经济社会发展全面绿色转型"，锚定建设美丽中国、建设人与自然和谐共生的中国式现代化目标，从深化生态文明体制改革，完善生态文明制度体系，加快完善落实绿水青山就是金山银山理念的体制机制等方面作出重要部署。自治区十三届九次全会结合宁夏实际，指出"要牢牢把握重在保护、要在治理的战略要求，深化生态文明体制改革"，并从完善落实绿水青山就是金山银山理念的体制机制，建立"一河三山"改革发展基准线体制机制，健全生态环境综合治理体系，持续深化"六权"改革，加快推进绿色低碳转型等方面作出工作安排。生态文明体制改革将进一步破除体制机制的弊端，赋予宁夏生态文明建设新的动力。

（一）坚持将"一河三山"作为改革发展基准线

坚持保护优先和综合治理的基本原则。一是要统筹重点领域治理和系统治理。聚焦"一河三山"的治理实际，因地制宜实施治理修复措施，黄河聚焦河道、滩区、堤岸、湿地开展治理，贺兰山注意废旧矿坑修复、天然植被恢复等，六盘山通过人工造林与自然恢复相结合的方式强化水土保持，罗山注重荒漠化治理与植被恢复协同推进。与此同时，将黄河、贺兰山、六盘山、罗山作为生态有机系统，充分考虑各自然要素之间的影响关系，考虑山水林田湖草沙分项治理的叠加效应。二是要统筹保护和利用。保护环境不是抑制经济发展，而是要探索经济与环境相适应的高质量发展路子。在自然资源使用中，就要进一步探索产权确立的方法，以规范自然资源有偿使用，保证自然资源使用效率和开发秩序。三是完善规划体系。编制市、县两级国土空间生态修复规划，确保形成自上而下的系统规划；制定生态保护修复规划实施办法、具体任务分工，确保规划落地落实。

（二）健全生态环境综合治理体系

健全生态环境治理监管体系。摸清宁夏生态资源本底基础上，建立符合宁夏实际的生态环境评价指标体系，精准分析全区生态环境受损情况，提高监管效率和精准度；开展全区生态环境摸底排查，对受损生态进行建档，为精准治理夯实基础，提高生态环境治理质效。健全生态环境治理市场体系。建立鼓励激励机制，引导社会资本参与生态环境治理项目投资、建设与运行；壮大生态环保产业，分层培育环境治理领域领军企业、专精特新"小巨人"企业。提升生态环境综合治理能力。加强人才队伍建设，为生态环境基层补充技术型人才。

借助无人机、无人船、遥感技术等提升非现场监测能力，建立全区自然资源、污染治理等数据要素共享平台，以创新技术提升环境治理水平。

（三）健全生态产品价值实现机制

牢固树立绿水青山就是金山银山理念，结合城乡融合发展实际，以县域为重点，推动生态产品价值实现。一是做好"土特产"文章。挖掘县域内生态资源、历史文化资源，凸显地域特色，探索富民利民的新型业态，培育地域品牌。二是现有产业提档升级。顺应产业发展规律，开发新产品，延伸产业链。以多产业融合孕育新业态，提升产品竞争力和附加值，将生态产品与文化旅游、数字经济、农业、科技等相融合，发展乡村旅游、休闲农业、健康养老、电子商务等新产业新业态。完善利益联结机制，激活各类生产要素，使"资源变资产、资金变股金、农民变股东"，提高农民的参与度。完善政策支持，重点破解生态产业化进程中土地政策、资金政策、产业规划、行业规范等普遍性难题。完善激励机制，通过给予一定的资金、税收等优惠，鼓励市县探索生态产品价值实现的路径方法，创建国家级生态文明示范市（县）、"绿水青山就是金山银山"实践创新基地。

（四）提升资源节约集约效率

协同推进保护与使用效能提升，厚植生态底色。水资源方面，进一步强化刚性约束，细化用水总量和强度双控目标到县。优化用水结构，通过大力推广滴灌、喷灌技术发展节水农业以及因地制宜推行旱作农业等方式着力降低农业用水。纵深推进用水权改革，完善水权交易市场，调动市县参与积极性，同时总结经验，完善跨区域水权交易机制。

土地资源方面，深化全域土地综合整治，推动资源重组、功能重塑、空间重构、产业重整和环境重生，构建更加合理的生产、生活、生态空间。对低效利用土地整合改造，通过创新建设技术、产业嵌入等方式，将土地利用由平面向立体转换。借鉴其他省区经验，允许跨乡镇跨行政区综合整治土地，允许试点片区永久基本农田进行局部优化，以流转置换着力扭转"碎片化"局面。

矿产资源方面，建立统筹协调机制，加大矿产资源节约与综合利用工作力度。探索建立开发利用水平调查评估指标体系，综合评价矿产资源开发利用水平，为制定激励约束政策提供科学依据。加快推进新一轮找矿突破战略行动，推广绿色勘探技术，进一步提升重要矿产资源勘探能力。

（五）倡导绿色低碳生活方式

加强绿色产品认证，增加绿色低碳产品的有效供给，倡导绿色消费，鼓励采购绿色产品；开展节约机关、绿色家庭、绿色学校等的创建活动，推行限塑活动，以积分兑换等激励方式培养大众的绿色生活习惯；继续拍摄生态环境警示片，开展多形式环保宣传活动，营造生态保护的良好氛围；支持生态环境保护志愿者队伍建设等。